DORN . BADER

Natur und Technik
Schwerpunkt Physik 7

Gymnasium | Bayern

Schroedel
westermann

DORN . BADER

Natur und Technik · Schwerpunkt Physik 7
Gymnasium
Bayern

Herausgegeben von
Dr. Christian Gleixner

Begründet von
Prof. Dr. Franz Bader †, Prof. Friedrich Dorn †

Bearbeitet von
Dr. Christian Gleixner
Gerwald Heckmann
Monika Nürnberger
Dr. Rainer Pippig
Susanne Schmitter
Peter Spießl

westermann GRUPPE

Druck A1 / Jahr 2019
Alle Drucke der Serie A sind inhaltlich unverändert.

Redaktion: Dr. Ulrich Kilian, science & more redaktionsbüro
Illustrationen: BC GmbH Verlags- und Medien-, Forschungs- und Beratungsgesellschaft, Kilian, Lithos, newVISION!, Schobel
Druck und Bindung: westermann druck GmbH, Braunschweig

ISBN 978-3-507-11814-0

Inhaltsverzeichnis

Inhaltsverzeichnis

3

Inhaltsverzeichnis

V1 Schülerversuche

Kompetenz- und Methodenkästen

Beispielaufgaben

Liste der Sachtexte

Projekte, Forsche selbst und Exkurse

Dein Physikbuch – eine kurze Gebrauchsanweisung

Inhaltsverzeichnis und Stichworverzeichnis – Das **Inhaltsverzeichnis** befindet sich am Anfang des Buches. Du kannst dir hier einen Überblick über die Einteilung des Buches in **Kapitel** und **Unterkapitel** verschaffen. Zudem siehst du schon, welche Inhalte auf welchen Seiten behandelt werden.

Das **Stichwortverzeichnis** findest du am Ende des Buches. Du solltest es benutzen, wenn du gezielt nach einem Begriff suchst, z. B. „Magnet". Im Stichwortverzeichnis sind die wichtigen Begriffe, die im Buch verwendet werden, *alphabetisch sortiert* aufgeführt. Auf den jeweils angegebenen Seiten findest du dann passende Informationen zum gesuchten Begriff.

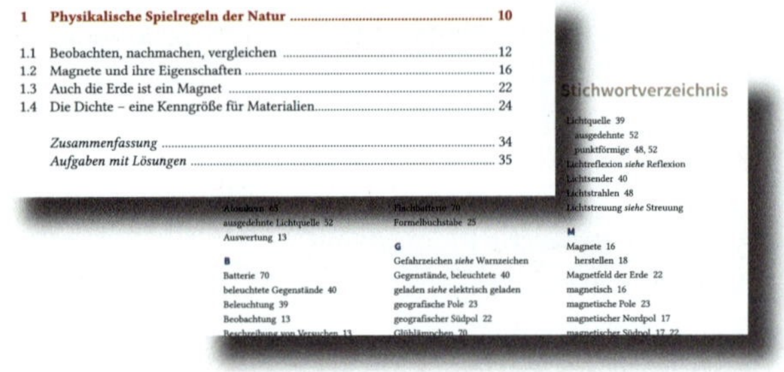
1 Physikalische Spielregeln der Natur 10

1.1 Beobachten, nachmachen, vergleichen 12
1.2 Magnete und ihre Eigenschaften 16
1.3 Auch die Erde ist ein Magnet 22
1.4 Die Dichte – eine Kenngröße für Materialien 24

Zusammenfassung 34
Aufgaben mit Lösungen 35

Stichwortverzeichnis

Anhang – Dieser Teil am Buchende ist ein *Mini-Lexikon.* Hier findest du Hilfsmittel, die du manchmal zum Lösen von Aufgaben benötigst. Dazu gehören *Tabellen* (z. B. „Dichte verschiedener Stoffe"), eine Liste von nützlichen *Symbolen* (z. B. elektrische Schaltzeichen) oder das *Periodensystem der Elemente.*

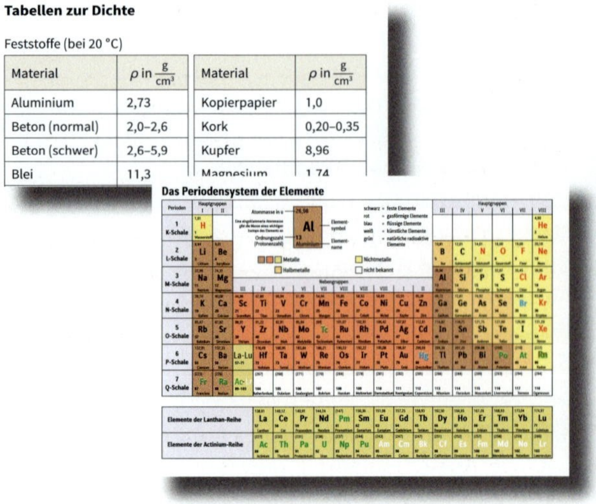
Tabellen zur Dichte

Feststoffe (bei 20 °C)

Material	ρ in $\frac{g}{cm^3}$	Material	ρ in $\frac{g}{cm^3}$
Aluminium	2,73	Kopierpapier	1,0
Beton (normal)	2,0–2,6	Kork	0,20–0,35
Beton (schwer)	2,6–5,9	Kupfer	8,96
Blei	11,3	Magnesium	1,74

Das Periodensystem der Elemente

Farben und Symbole – Im Buch findest du verschiedene **Textkästen**, die mit Farben und Symbolen gekennzeichnet sind.

- Graue Farbe kennzeichnet Kästen, deren Inhalt im Unterricht normalerweise behandelt wird. Hierzu gehören die Kästen *Versuch*, *Kompetenz*, *Beispielaufgabe*, *Sachtext* und *Projekt*.

- Rote Farbe zeigt die wichtigen Dinge an, die du lernen oder beachten musst. Das sind vor allem die *Merksätze* und *Warnhinweise.*

- Orange Farbe zeigt dir, dass der Kasten zusätzliche Informationen liefert, die nicht unbedingt im Unterricht behandelt werden. Das können *Exkurse, Hilfsmittel* oder *weitergehende Versuche* sein, die du selbst ausprobieren kannst.

V1 **Versuch**: Aufbau und die Durchführung eines Versuchs werden in einem Versuchskasten beschrieben. Beobachtungen, Auswertungen und Erklärungen dazu stehen im Fließtext. Findest du den Hinweis **Schülerversuch**, dann wirst du diesen Versuch in der Schule vielleicht sogar selbst durchführen.

Beispielaufgabe: Sie zeigt dir, wie du bestimmte Aufgabenstellungen bearbeiten musst. Bei Rechenaufgaben findest hier einen ausführlichen Rechenweg, den du bei ähnlichen Aufgaben mit anderen Zahlen wieder verwenden kannst.

Kompetenz: Hier werden Arbeitstechniken und Methoden beschrieben, die du in Physik benötigst. Du erfährst z. B., wie man mit physikalischen Größen umgeht oder physikalische Sachverhalte in Zeichnungen geschickt darstellt. Auch die Kästen **Methode**, **Projekt** oder **Sachtext** tragen dieses Symbol.

Aufbau des Buches – Das findest du im Buch:

- **Nummerierte Kapitel** zeigen dir auf den Titelseiten eine Zusammenfassung davon, was dich erwartet. **Nummerierte Unterkapitel** enthalten zusammengehörige Informationen aus dem jeweiligen Themenbereich. Sie sind durch **Spitzmarken** in einzelne Textabschnitte untergliedert.

- **Übungsaufgaben** findest du am Ende der *Unterkapitel.* Du erkennst sie an der Überschrift „Löse selbst“. Manche Aufgaben sind markiert:
  - ↗ Diese Aufgabe benötigt etwas mehr Zeit oder sie ist etwas schwieriger.
  - ⬆ Hier wird deutlich mehr Zeit als bei normalen Aufgaben benötigt oder sie ist sehr schwierig.
  - Hier arbeitest du zu zweit oder als Gruppe.

  Heimexperiment: Diesen Versuch kannst du auch selbst leicht zuhause durchführen.

- Eine **Zusammenfassung** des Kapitels (Symbol: !) sowie **Aufgaben mit Lösungen** (Symbol:) auf den *zwei letzten Seiten eines Kapitels* helfen dir, dein Wissen und Können zu überprüfen. Die Lösungen findest du vor dem Stichwortverzeichnis.

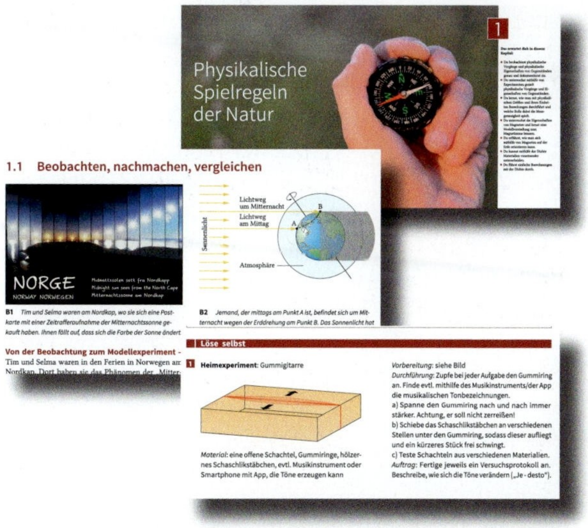

Merksatz: Hier werden die wichtigen Ergebnisse und Festlegungen notiert, die sich in einem Abschnitt ergeben. Sie enthalten das, was du unbedingt lernen und wissen musst.

Vorsicht Gefahr! oder **Achtung!**: Diese **Hinweise auf Gefahren oder zum Verhalten** musst du unbedingt beachten! Sie dienen dazu, dich vor gefährlichen Situationen zu warnen, damit du sicher experimentieren kannst.

Exkurs, **Forsche selbst**, **Hilfsmittel**: In einem **Exkurs** findest du Informationen, die über das hinaus gehen, was normalerweise im Unterricht behandelt wird.

Bei **Forsche selbst** kannst du dich in Experimenten längerfristig und tiefergehend mit einer Sache auseinandersetzen. Beide können dir z. B. als Grundlage für ein Referat dienen oder als Anregung, dich intensiver mit einer Sache zu beschäftigen.

Unter dem Titel **Hilfsmittel** findest du Arbeitstechniken und Eselsbrücken, die dir vielleicht in manchen Situationen nützlich sein können. Es kann sein, dass deine Lehrkraft hier andere Hilfsmittel benutzt.

Natur beobachten, Regeln finden, Technik entwickeln

B1 *Herauszufinden, wie ein Regenbogen entsteht, ist Sache der Physik. Zu beschreiben, wie Gras wächst und sich vermehrt, ist eine Angelegenheit der Biologie. Die Chemie beschreibt z. B., wie man aus Gesteinen die darin enthaltenen Metalle gewinnt.*

Physik ist eine Naturwissenschaft – In der wissenschaftlichen Welt unterscheidet man heute die drei „großen" Naturwissenschaften **Physik**, **Chemie** und **Biologie** (siehe Bild **B1**). Aus der Herkunft dieser drei Namen kannst du dir schon ableiten, worin sich diese Naturwissenschaften unterscheiden:

- Im Wort Biologie stecken zwei altgriechische Wörter: *bios* – „das Leben" und *logos* – „der Gedanke, Lehrsatz". Die Biologie ist also die Lehre von den *Lebewesen*. Sie beschreibt, wie diese sich ernähren, fortbewegen und vermehren. Du machst biologische Beobachtungen, wenn du Grassamen in die Erde setzt und beobachtest, wie schnell daraus Gras wächst.

- Das Wort Chemie kommt vom altgriechischen *chymeia*. Das war die Lehre vom Gewinnen und Schmelzen von Metallen. Kupfer und Eisen z. B. liegen meist als Verbindung mit anderen Elementen als Erze vor, aus der man sie heraustrennen muss. So enstand die allgemeine Lehre von den Stoffverbindungen und -umwandlungen. Wenn du Backpulver mit Essig verrührst oder einen Kalkrand mit Essig entfernst, beobachtest du einen chemischen Vorgang.

- Der Name Physik leitet sich ebenfalls aus dem Griechischen ab. Der Ausdruck *physike theoria* bedeutet zunächst „Lehre vom Natürlichen". Man untersuchte hier zunächst die Vorgänge, die in der Natur ohne Zutun des Menschen abliefen. Heute beschäftigt sich die Physik mit den grundlegenden Naturgesetzen, die die Vorgänge um uns herum bestimmen. Hast du schon einmal verschiedene Gegenstände ins Wasser geworfen, um zu sehen, ob sie schwimmen oder untergehen, so war das eine physikalische Beobachtung.

Heute gliedert sich die Physik in mehrere Teilgebiete, die sich teilweise überlappen:
In der **Optik** beschäftigt man sich mit Vorgängen rund um das Licht, in der **Mechanik** geht es um Bewegungen und Kräfte.
Die **Wärmelehre** befasst sich mit Temperatur und Aggregatzuständen, in der **Elektrik** wird das Verhalten von elektrischen Ladungen und Stromkreisen untersucht. Auch der Magnetismus gehört hierher.
Die Welt der kleinsten Teilchen erforscht man in den Gebieten **Atomphysik**, **Kernphysik** und **Quantenphysik**, den Aufbau des Universums in der **Astronomie, Relativitätstheorie** und **Kosmologie**.

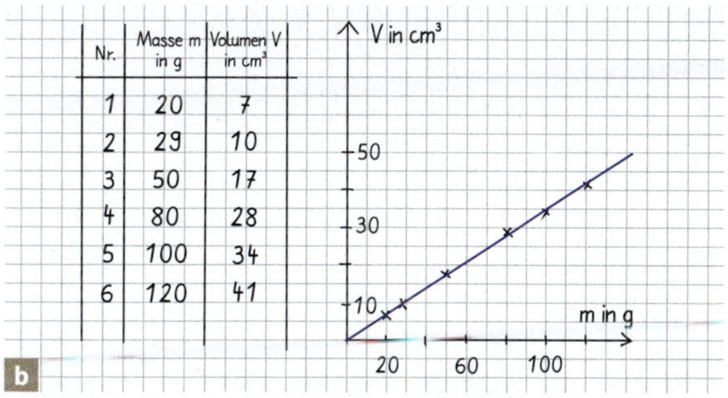

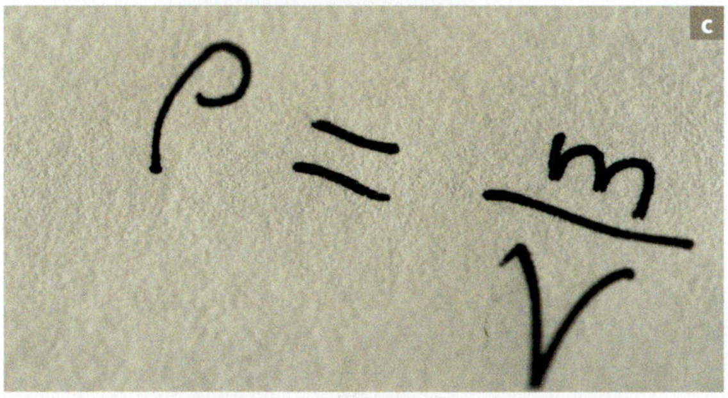

B2 *a) Mit einer Waage lässt sich die Masse der Beeren genau bestimmen. b) Zum Auswerten ordnet man die Messwerte in Tabellen und stellt sie in Diagrammen dar. c) Viele Zusammenhänge zwischen Messgrößen lassen sich als mathematische Formel schreiben. d) Man kann vorhersagen, wie weit man das Papierschiff beladen kann, bevor es untergeht. Im Experiment kann man dies testen.*

Was macht man in Physik? Wie auch in Biologie und Chemie möchte man in der Physik herausfinden, nach welchen Regeln sich die Vorgänge um uns herum abspielen. Es ist ähnlich, wie wenn du Freunden zusiehst, die ein neues Kartenspiel spielen, und du nur durch Zusehen herausfinden sollst, wie das Spiel funktioniert. Meist wirst du recht schnell gewisse Dinge erkennen, z.B. wie viele Karten jeder zu Beginn bekommt. Genaueres wirst du oft erst dann erfahren, wenn du viele Spielrunden beobachtest.

Um die Spielregeln der Natur herauszufinden, gehen Physiker und Physikerinnen **systematisch** vor:

- **Beobachten**: Zu Beginn beobachtet man einen Vorgang und versucht Zusammenhänge herauszufinden. Oft formuliert man das Ergebnis in der Form „Wenn … dann“ oder „Je … desto“. Beispiel: In Bild **B1** erkennst du am Schatten im Vordergrund, dass die Sonne hinter dir sein muss, damit du einen Regenbogen beobachten kannst.
- **Fragen stellen:** Ein wichtiger Schritt ist es, nach einer Beobachtung Fragen zu stellen: Muss man die Sonne immer im Rücken haben? Ist der Regenbogen immer gleich groß? Woher kommt die Reihenfolge der Farben?
- **Messen, experimentieren, vergleichen:** Oft reicht ein „Je … desto“ nicht aus, um herauszufinden, nach welchen Regeln die Natur funktioniert. Dann verschafft man sich mithilfe von Messgeräten und Experimenten Zahlenwerte für genauere Vergleiche. Beispiel: Mit einer Waage kannst du die Zutaten für eine Marmelade genau abwiegen (Bild **B2a**).
- **Messwerte auswerten:** Um aus den Messwerten Zusammenhänge zu erkennen, werden sie geordnet und übersichtlich dargestellt. Dazu benutzt man Tabellen und Diagramme (Bild **B2b**).
- **Gesetzmäßigkeiten erkennen:** Anhand der Tabellen und Diagramme sucht man Gesetzmäßigkeiten. Oft ergibt sich eine mathematische Formel, die den Zusammenhang zwischen den Messgrößen beschreibt. Manchmal legt man damit eine neue physikalische Größe fest, z.B. den Quotienten aus Masse und Volumen (Bild **B2c**).
- **Gesetzmäßigkeiten testen, Geräte entwickeln:** Mit den Regeln und Formeln, die man durch Beobachten, Experimentieren und Messen gefunden hat, lassen sich Vorhersagen machen und technische Geräte entwickeln. Mit Experimenten wird überprüft, ob damit schon alle Möglichkeiten beschrieben sind. Andernfalls muss man die Regeln anpassen (Bild **B2d**).

Physikalische Spielregeln der Natur

In der Natur um uns herum gibt es eine Vielzahl von „Spielregeln". Sie legen z. B. fest, wie aus Blüten Früchte werden, wie Pflanzen u. a. aus Licht, Kohlenstoffdioxid und Wasser gewisse Nährstoffe und Sauerstoff erzeugen oder wie sich eine Kompassnadel auf der Erde ausrichtet. Seit jeher versuchen die Menschen, diese Spielregeln aus den verschiedenen Bereichen der Natur zu ergründen. Im Laufe der Zeit haben sich dabei verschiedene Spezialisten entwickelt: Biologen kümmern sich um Lebensvorgänge, Chemiker um Stoffumwandlungen und Physiker um (fast) alles andere.

1

Das erwartet dich in diesem Kapitel:

- Du beobachtest physikalische Vorgänge und physikalische Eigenschaften von Gegenständen genau und dokumentierst sie.
- Du untersuchst mithilfe von Experimenten gezielt physikalische Vorgänge und Eigenschaften von Gegenständen.
- Du lernst, wie man mit physikalischen Größen und ihren Einheiten Berechungen durchführt und welche Rolle dabei die Messgenauigkeit spielt.
- Du untersuchst die Eigenschaften von Magneten und lernst eine Modellvorstellung zum Magnetismus kennen.
- Du erfährst, wie man sich mithilfe von Magneten auf der Erde orientieren kann.
- Du kannst mithilfe der Dichte Materialien voneinander unterscheiden.
- Du führst einfache Berechnungen mit der Dichte durch.

1.1 Beobachten, nachmachen, vergleichen

B1 *Tim und Selma waren am Nordkap, wo sie sich eine Postkarte mit einer Zeitrafferaufnahme der Mitternachtssonne gekauft haben. Ihnen fällt auf, dass sich die Farbe der Sonne ändert.*

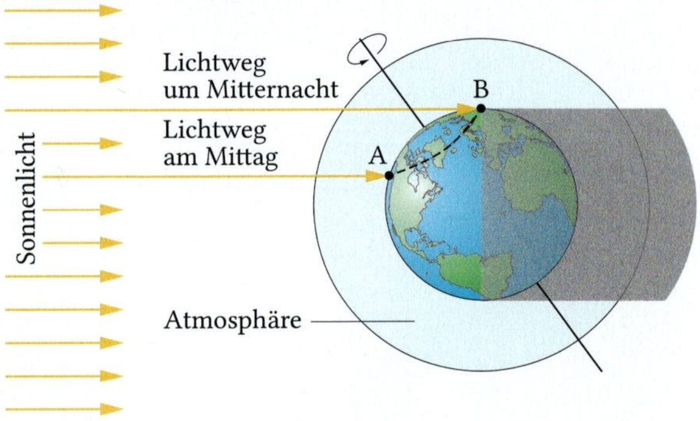

B2 *Jemand, der mittags am Punkt A ist, befindet sich um Mitternacht wegen der Erddrehung am Punkt B. Das Sonnenlicht hat dann einen längeren Weg durch die Atmosphäre als am Mittag.*

Von der Beobachtung zum Modellexperiment – Tim und Selma waren in den Ferien in Norwegen am Nordkap. Dort haben sie das Phänomen der „Mitternachtssonne" beobachtet, nämlich dass die Sonne in diesen Tagen nicht untergeht. Als Erinnerung haben sie sich eine Postkarte gekauft (Bild **B1**). Es fällt ihnen auf, dass darauf die Sonne in verschiedenen Farben erscheint. Je tiefer sie steht, umso mehr ist sie gelb-rot gefärbt. Nach den Ferien fragen sie ihre Physiklehrkraft nach einer Erklärung für ihre **Beobachtung**.

Die Lehrkraft erläutert ihnen anhand einer Skizze, dass das Licht der Sonne verschieden dicke Luftschichten durchqueren muss, je nachdem, ob es Mittag oder Nacht ist (Bild **B2**). Außerdem besteht das Sonnenlicht aus verschiedenen farbigen Lichtanteilen, was sie ja vom Regenbogen her kennen. Je länger der Weg durch die Atmosphäre ist, desto mehr wird vom blauen Anteil des Sonnenlichts seitlich abgelenkt. Dadurch kommt der gelb-rote Anteil des Sonnenlichts stärker zum Tragen. Tim und Selma schauen ihre Lehrkraft etwas ungläubig an. Daher schlägt sie ihnen ein **Modellexperiment** vor, bei dem die 500 Kilometer dicke Atmosphäre der Erde ersetzt wird durch Wasser, das mit Milch leicht getrübt wird (Versuch **V1**). Das Sonnenlicht wird durch das Licht einer Taschenlampe ersetzt.

Tatsächlich beobachten Tim und Selma, dass das Licht der Taschenlampe viel deutlicher gelb-rot gefärbt erscheint, wenn das Licht einen langen Weg durch das getrübte Wasser nimmt. Beim kürzeren Weg durch die Box fällt die Gelb-Rot-Färbung deutlich weniger stark aus. Nebenbei fällt ihnen auch auf, dass das Lichtbündel im Wasser von oben betrachtet ganz klar bläulich gefärbt erscheint. Die Erklärung ihrer Lehrkraft scheint also zu stimmen.

V1 Schülerversuch: Mitternachtssonne

Sicherheitshinweis: Blicke nie direkt in helle Lichtquellen, z.B. Taschenlampen! Hier wird das Licht erst durch das trübe Wasser genügend abgeschwächt!

Material: eine transparente, rechteckige Brotzeitbox aus Kunststoff, eine Taschenlampe, Milch, Wasser
Vorbereitung: Fülle in die Brotzeitbox Wasser. Gib ein bis drei Tropfen Milch hinein und verrühre sie gut.
Durchführung: Lege die Taschenlampe auf den Tisch.
a) Leuchte von der einen schmalen Seite der Brotzeitbox zur andern schmalen Seite durch das Wasser.
b) Leuchte von der einen langen Seite der Brotzeitbox zur anderen langen Seite der Brotzeitbox. Blicke jeweils vorsichtig gegen das Licht.
Auftrag: Beschreibe deine Beobachtungen mithilfe von aussagekräftigen, beschrifteten Zeichnungen.

Versuche beschreiben – Die Lehrkraft bittet Tim und Selma, ihre Naturbeobachtung und das Modellexperiment in ihrer Klasse vorzustellen. Sie gibt ihnen eine Gebrauchsanweisung, wie sie das Ganze ordentlich notieren sollen (siehe **Kompetenz: Versuche beschreiben**). Damit erstellen die beiden diese **Versuchsbeschreibung** (auch **Versuchsprotokoll** genannt):

Versuchsprotokoll Mitternachtssonne

Frage: Warum erscheint die Sonne gelb-rot, wenn sie nahe am Horizont steht?
Materialliste: durchsichtige Brotzeitbox, Wasser, Milch, Taschenlampe
Versuchszeichnung:

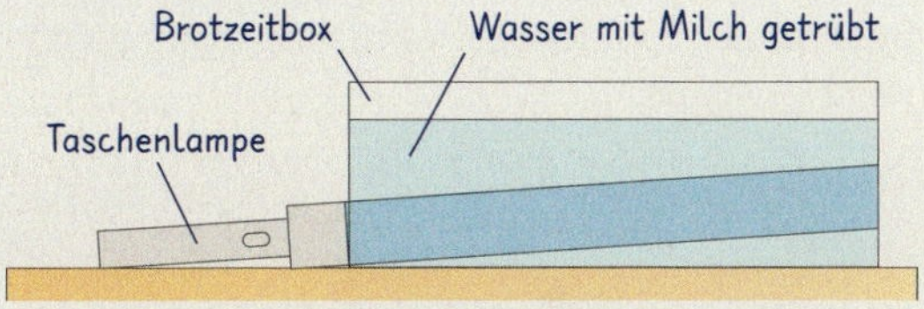

Vorbereitung: Wir stellen die Brotzeitbox auf den Tisch und gießen Wasser hinein. In das Wasser geben wir ein bis drei Tropfen Milch, sodass es ganz leicht trüb wird. Achtung: Nicht zu viel Milch nehmen!
Durchführung: Wir legen die eingeschaltete Taschenlampe neben die Box, sodass sie von schmaler Seite zu schmaler Seite leuchtet. Wir blicken vorsichtig gegen das Licht. Dann leuchten wir von der langen Seite zur langen Seite und beobachten wieder das Licht, das hindurchgeht.
Beobachtung: Wenn der Weg des Lichts durch das Wasser lang ist, so erscheint es mehr gelb-rot eingefärbt als beim kurzen Weg. Von oben erscheint das Lichtbündel bläulich.

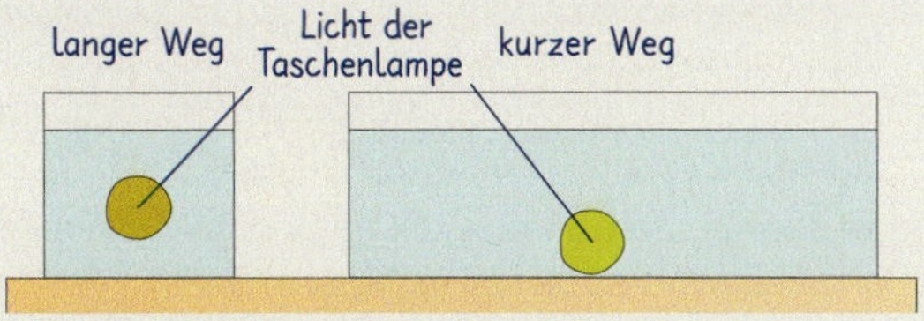

Auswertung: Beim längeren Weg durch das trübe Wasser erscheint das Licht mehr gelb-rot. Auch bei der Sonne ist der Weg durch die Atmosphäre länger, wenn sie tief am Horizont steht. Die Atmosphäre ist wie trübes Wasser.

Kompetenz: Versuche beschreiben

Für Versuche, die wir durchführen, schreiben wir in einem Versuchsprotokoll Folgendes möglichst genau auf:

A) Frage- oder Aufgabenstellung: Wir beginnen mit dem vorgegebenen oder selbst gewählten Ziel, einer Frage oder einer Vermutung.

B) Materialliste: Wir fertigen eine Liste der notwendigen Geräte und Materialien für den Versuch an.

C) Versuchszeichnung: Wir fertigen eine beschriftete Zeichnung des Versuchs an, in der wir die wesentlichen Dinge im Überblick darstellen.

D) Vorbereitung und Durchführung: Du beantwortest hier die Frage: „Was habe ich getan?“. Zunächst schreiben wir auf, was zur Vorbereitung des Versuchs gehört. Dann notieren wir, wie der Versuch durchgeführt wird, d. h., was wir messen und was während des Versuchs verändert wird.

E) Beobachtung: In diesem Teil beantwortest du die Frage: „Was habe ich gesehen?“. Hier beschreiben wir möglichst genau, was wir beobachten. Dabei schauen wir genau hin und notieren alle Einzelheiten und Veränderungen, die wir für wichtig halten. Auch Skizzen können hier sehr hilfreich sein. Unter Umständen gehören auch Messwerte dazu. Zusammengehörige Messwerte notiert man am besten in Form einer Tabelle.

F) Auswertung: Hier wird die Frage beantwortet: „Was kann ich aus den Beobachtungen erkennen?“. Dazu versuchen wir logische Zusammenhänge („wenn ... dann“), Vergleiche („je ... desto“) oder Formeln zu finden. Zum Schluss müssen wir auf jeden Fall beschreiben, welchen Zusammenhang wir zwischen dem Versuchsergebnis und der Frage- bzw. Aufgabenstellung erkennen.

Jeder, der unser Versuchsprotokoll später liest, soll alles genauso nachmachen können, wie wir es durchgeführt haben. Ein Versuchsergebnis wird in den Naturwissenschaften nur dann anerkannt, wenn jemand anderes es nachvollziehen kann: Der Versuch muss *reproduzierbar* sein.

Kompetenz: Sicher experimentieren

Eine ganz wichtige Rolle spielen Experimente in der Physik. Mit ihnen will man herausfinden, welche Regeln in der Natur und auch in der Technik gelten. Dabei gilt es aber zu beachten, dass bei vielen Experimenten auch Gefahren lauern: An heißem Wasser kann man sich verbrühen, schwere Gegenstände können einem auf den Fuß fallen, grelles Licht kann das Auge schädigen usw.

Daher ist es unbedingt notwendig, dass du dich beim Experimentieren an Regeln hältst – das gilt nicht nur für die Schule, sondern auch bei dir zuhause! Diese Regeln dienen dazu, dich vor diesen Gefahren zu warnen, und sollen helfen, dass Unfälle vermieden werden. Einige Regeln haben wir hier zusammengestellt, einige weitere wirst du bei Gelegenheit noch kennenlernen.

Grundregeln des Experimentierens

1. Lies die Versuchsanleitung genau und achte auf die Gefahrenhinweise und Gefahrensymbole bzw. Warnzeichen (siehe unten).
2. Halte dich an die Anweisungen der Lehrkraft.
3. Verändere den Versuchsaufbau nicht eigenmächtig, außer die Lehrkraft hat dir die Erlaubnis dazu gegeben.
4. Achte darauf, dass Kleidung, Schmuckstücke und Haare nicht in gefährliche Bereiche des Experiments kommen können. Lange Haare sollten zusammengebunden sein. Schmuckstücke solltest du eventuell ablegen.
5. Gehe sorgfältig mit den Geräten um und achte darauf, dass der Arbeitsplatz übersichtlich bleibt. Räume am Ende die Geräte wieder ordentlich auf.
6. Beim Experimentieren wird nicht getrunken und nicht gegessen.

Offizielle Warnzeichen

Allgemeines Gefahrzeichen

Heiße Oberflächen

Rutschgefahr

Gefährliche optische Strahlung

Feuergefährliche Stoffe

Handverletzungen

Gefährliche elektrische Spannungen

Giftige Stoffe

Starke magnetische Felder

Löse selbst

1 **Heimexperiment**: Gummigitarre

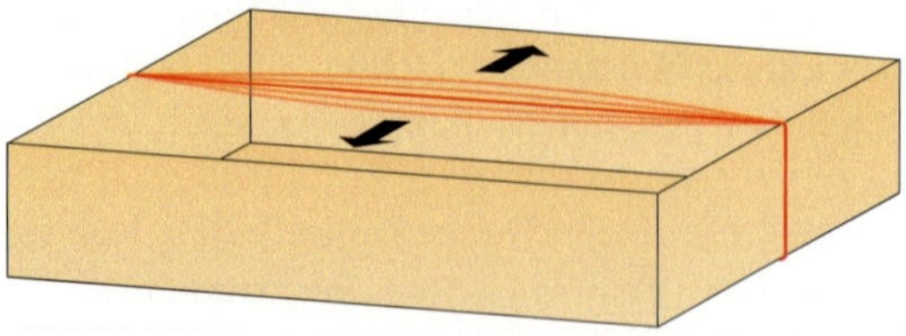

Material: eine offene Schachtel, Gummiringe, hölzernes Schaschlikstäbchen, evtl. Musikinstrument oder Smartphone mit App, die Töne erzeugen kann

Vorbereitung: siehe Bild
Durchführung: Zupfe bei jeder Aufgabe den Gummiring an. Finde evtl. mithilfe des Musikinstruments/der App die musikalischen Tonbezeichnungen.
a) Spanne den Gummiring nach und nach immer stärker. Achtung, er soll nicht zerreißen!
b) Schiebe das Schaschlikstäbchen an verschiedenen Stellen unter den Gummiring, sodass dieser aufliegt und ein kürzeres Stück frei schwingt.
c) Teste Schachteln aus verschiedenen Materialien.
Auftrag: Fertige jeweils ein Versuchsprotokoll an. Beschreibe, wie sich die Töne verändern („Je - desto").

Löse selbst

2 **Heimexperiment:** Farbenrennen

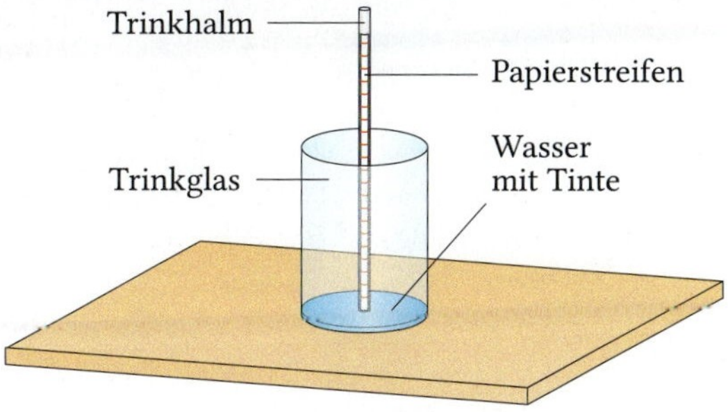

Material: ein Trinkglas, Trinkhalme, verschiedenfarbige Tinten, Küchenrolle, Toiletten-, Fließ- oder Filterpapier, Lineal, Klebeband, Folienstift, Stoppuhr
Vorbereitung: Schneide von den verschiedenen Papieren jeweils ca. 0,5 cm breite Streifen ab. Klebe sie der Länge nach auf je einen Trinkhalm. Bringe alle 0,5 cm eine Markierung am Trinkhalm an. Gib etwas Wasser in das Glas und tropfe etwas Tinte dazu.
Durchführung: Stelle jeweils einen Trinkhalm so in das Trinkglas, dass der Papierstreifen mit dem unteren Ende in das gefärbte Wasser eintaucht.
a) Beobachte ca. 3 Minuten lang, was sich am Papierstreifen verändert. Fertige eine Zeichnung an, die zeigt, wie der Papierstreifen dann aussieht.
b) Miss, wie lange das Wasser braucht, um nacheinander die Markierungen auf dem Halm zu erreichen.
Aufträge: a) Erstelle ein Versuchsprotokoll. Beschreibe, wie sich die Papiere unterscheiden.
b) Formuliere Vermutungen zu deren Ursachen.

3 **Heimexperiment:** Brummtopf und Telefon

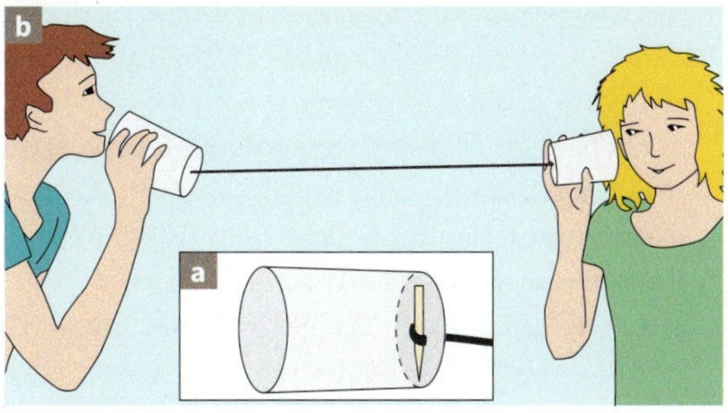

Material: zwei Kunststoff- oder Blechbecher, Nadel oder Nagel, Faden (ca. 1–2 m), Zahnstocher, Wachs
Vorbereitung: Stich vorsichtig ein Loch in den Becherboden. Fädle den Faden hindurch, knote den Zahnstocher an dieses Fadenende und kürze diesen so weit, dass er auf dem Becherboden aufliegt. Befestige auf gleiche Weise den zweiten Becher am anderen Fadenende. Reibe den Faden mit Wachs ein.
Durchführung: a) Halte einen Becher mit einer Hand fest. Lass den Faden dann zwischen Daumen und Zeigefinger der anderen Hand hindurch rutschen, wobei du fest zudrückst. Wiederhole das mit verschiedenen Schnelligkeiten.
b) Suche dir einen Partner/eine Partnerin. Lass ihn/sie in den einen Becher hineinsprechen, während du den anderen Becher an dein Ohr hältst. Mach das mit lockerem Faden und gespanntem Faden.
Auftrag: Erstelle jeweils ein Versuchsprotokoll und beschreibe die Auswirkungen der Veränderungen.

4 **Heimexperiment:** Schüttkegel

Material: ein Blatt Papier, Deckel einer Kunststoffflasche, ein Stück Karton, Geodreieck, Digitalkamera/Smartphone, körnige oder pulvrige Substanzen wie z. B. Salz, Zucker, Mehl, Grieß, Zimtpulver, Sand
Achtung! Die verwendeten Lebensmittel sind danach nicht mehr zum Verzehr geeignet!
Vorbereitung: Lege das Papierblatt auf einen Tisch.
Durchführung: Fülle den Flaschendeckel glatt mit einem Pulver und lege das Stück Karton darauf. Halte Karton und Deckel zwischen zwei Fingern, drehe das Ganze um und setze es vorsichtig auf das Papier. Halte den Deckel dann fest, ziehe das Kartonstück heraus und hebe den Deckel hoch. Wiederhole das mit verschiedenen Substanzen.
a) Miss jeweils den Durchmesser des „Schüttkegels".
b) Miss jeweils die Höhe des „Schüttkegels".
Aufträge: a) Erstelle ein Versuchsprotokoll. Beschreibe darin die Formen der Pulverhaufen. Nimm davon auch ein Foto auf.
b) Formuliere Vermutungen, worauf die Unterschiede und Gemeinsamkeiten beruhen könnten.

1.2 Magnete und ihre Eigenschaften

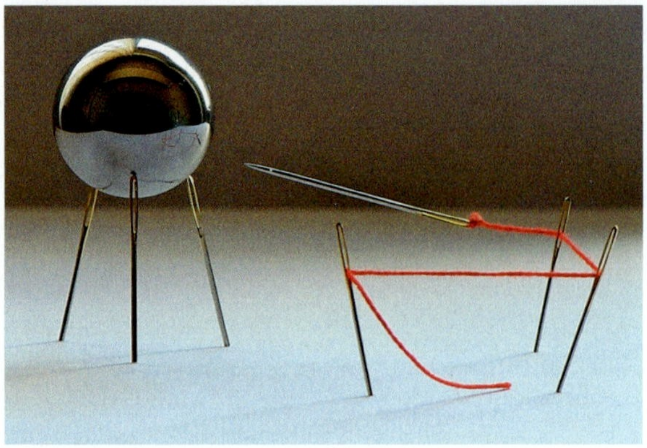

B1 *Die magnetische Kugel zieht die Stopfnadel zu sich.*

Magnete an vielen Orten und in vielen Formen – Magnete hast du sicherlich schon oft in der Hand gehalten: Als lustige Magnete für den Kühlschrank, Magnete an Spielzeugen, Magnetschmuck, bei Brettspielen für die Reise, als Verschluss an Handyhüllen oder als magnetische Knete. Mit Magneten lassen sich auch verblüffende Effekte erzielen, so wie z. B. in Bild **B1** die Stopfnadel von der magnetischen Kugel links angezogen und dadurch in der Schwebe gehalten wird.

Magnete sind sehr praktisch, um Dinge zu fixieren oder zusammenzuhalten. Es gibt aber noch viele weitere Einsatzbereiche, die du vielleicht noch nicht kennst. Beispielsweise hat das Speichern von Informationen auf einer HDD-Festplatte mit Magneten zu tun und ohne Magnete funktionieren weder Tonabnehmer einer E-Gitarre noch Lautsprecher. Achterbahnen und ICE-Züge bremsen mit Magneten und die Abfallindustrie nutzt Magnete zum Sortieren von magnetischen Metallen. Auch in der Medizin finden Magnete zum Beispiel in Kernspintomographen (MRT) Anwendung.

Es gibt Magnete, die dauerhaft magnetisch sind – man nennt sie **Dauermagnete** oder **Permanentmagnete** – und solche, die erst durch elektrischen Strom zu Magneten werden und sich ein- und ausschalten lassen. Zu diesen **Elektromagneten** erfährst du mehr im Kapitel 3. Wir beschäftigen uns hier zuerst mit den Dauermagneten, die es in vielen verschiedenen Formen gibt – z. B. als Stabmagnete, Hufeisenmagnete, Ringmagnete oder Scheibenmagnete (Bild **B2**). Sie können außerdem auch unterschiedlich stark sein. Manche haften so stark an einem Eisenträger, dass sich mehrere Erwachsene daran hängen können (siehe Bild **B3**).

B2 *Dauermagnete gibt es in vielen Formen.*

Welche Materialien lassen sich von Magneten anziehen? Im Alltag sagt man meist, dass Magnete **„magnetisch"** sind, und meint damit, dass sie z. B. eiserne Nägel anziehen. In der Physik drückt man sich genauer aus und sagt, dass ein Magnet **dauerhaft magnetisiert** ist.
Welche Materialien von einem Magneten angezogen werden, kannst du im Versuch **V1** selbst herausfinden.

V1 Schülerversuch: Vom Magneten angezogen?

Achtung: Manche elektronische Geräte und Speichermedien reagieren sensibel auf Magnete. Lege sie in ausreichender Entfernung ab.
Material: ein Magnet, verschiedene Materialien und Gegenstände aus dem Haushalt, Münzen, Aluminiumfolie und andere Metallstücke
Vorbereitung: Lege in deinem Heft eine Tabelle mit zwei Spalten – „Anziehung" und „keine Anziehung" – an.
Durchführung: Wähle jeweils ein Material aus und halte den Magneten in dessen Nähe. Untersuche, ob der Magnet und das Material sich gegenseitig anziehen oder nicht. Trage in deiner Tabelle dann die Materialbezeichnung in die zugehörige Spalte ein.

B3 *Die beiden Frauen halten sich an einem Eisenträger fest, der von einem Supermagneten angezogen wird.*

Im Versuch **V1** wirst du vielleicht bemerkt haben, dass bei einer Schere die Griffe aus Kunststoff nicht vom Magneten angezogen werden, die Schneiden aus Stahl aber schon. Auch bei Glas, Holz und Aluminium zeigt sich keine Anziehung. Man hat herausgefunden, dass fast nur Materialien angezogen werden, die die Elemente Eisen, Nickel oder Kobalt enthalten. Diese werden oft als **ferromagnetisch** bezeichnet (von lat. *ferrum* – Eisen). Andere Metalle wie Kupfer, Blei oder Zinn werden nicht angezogen; sie sind nicht ferromagnetisch. Bei Münzen trügt manchmal ihre Farbe, denn sie bestehen oft aus mehreren Metallschichten.

! Merksatz

Materialien, die von einem Magneten stark angezogen werden, heißen ferromagnetisch. Sie enthalten fast alle Eisen, Nickel oder Kobalt.

Welche Eigenschaften besitzen Magnete? Magnete ziehen ferromagnetische Materialien an. Wie verhält es sich aber, wenn wir zwei Magnete einander annähern? In Versuch **V2** untersuchen wir das genauer.

In Versuch **V2a** bleiben die Nägel vor allem an den Enden des Magneten hängen. Auch beim Abtasten mit einem Eisennagel verspürst du hier die größte Anziehung. An diesen beiden Stellen ist die magnetische Wirkung am stärksten; sie erhalten einen besonderen Namen. Man nennt sie die **Pole des Magneten**.

Nähert man die Pole zweier Magneten einander an (Versuch **V2b**), so spürt man entweder eine anziehende oder eine abstoßende Wirkung, je nachdem welche Pole zueinander zeigen. Es gibt also zwei Arten von Magnetpolen. Man nennt sie **magnetischer Nordpol** und **magnetischer Südpol**. Oft werden Nordpole rot und Südpole grün gekennzeichnet. Bringt man ungleichnamige Pole zusammen, also Nordpol und Südpol, so ziehen sie sich an. Gleichnamige Pole (Nordpol – Nordpol oder Südpol – Südpol) stoßen sich ab.

! Merksatz

Jeder Magnet besitzt einen Nordpol und einen Südpol. Die magnetische Wirkung ist an den Polen am stärksten. Gleichnamige Pole stoßen sich ab, ungleichnamige Pole ziehen sich an.

V2 Schülerversuch: Eigenschaften von Magneten

Achtung: Die Anziehungskraft zwischen zwei Magneten wird bei geringen Abständen sehr schnell größer. Beachte daher die Quetschgefahr und halte die Magnete gut fest.

Material: zwei Stabmagnete, eine Schachtel mit Eisennägeln oder Büroklammern.

Durchführung: a) Tauche den Magneten in die Schachtel mit Nägeln und ziehe ihn vorsichtig heraus. Teste dann mit einem einzelnen Nagel, wo die Anziehung des Magneten besonders stark bzw. besonders schwach ist. Erstelle ein Versuchsprotokoll.

b) Nimm jeweils einen Magneten in die linke und die rechte Hand. Bringe die Enden der Magnete nahe zusammen. Drehe dann einen Magneten um und wiederhole den Versuch. Drehe dann den anderen Magneten um. Notiere deine Beobachtungen mithilfe von Skizzen.

Wie kann man Magnete herstellen? Wenn du schon einen Magneten besitzt, kannst du selbst aus ferromagnetischen Gegenständen wie Büroklammern, Nägeln, Steck- und Nähnadeln usw. weitere neue Magnete herstellen. Wie das geht, zeigt dir Versuch **V1a**.

V1 Schülerversuch: Magnete herstellen

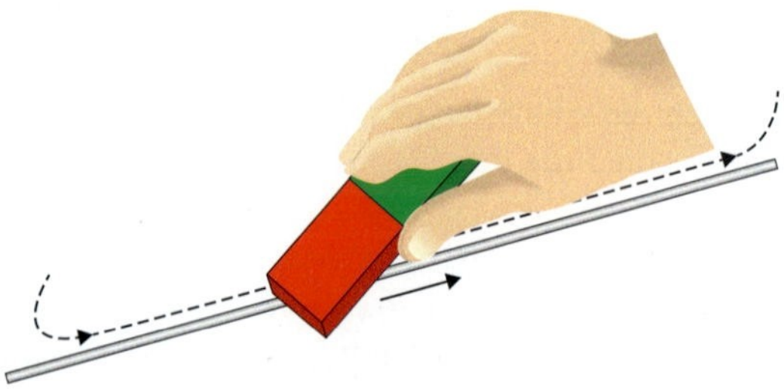

Material: ein Magnet, eine große Büroklammer bzw. ein Nagel, eine Briefklammer, Stecknadeln; Kombizange oder Beißzange

Durchführung: a) Biege die große Büroklammer gerade. Streiche dann mit einem Pol des Magneten mehrfach in der gleichen Richtung längs über die aufgebogene Büroklammer. Führe den Magneten dabei jeweils auf dem Rückweg in einem Bogen an den Anfangspunkt (siehe Grafik). Halte anschließend zuerst das eine, dann das andere Ende der aufgebogenen Büroklammer über eine Stecknadel. Untersuche, ob diese angezogen wird. Fertige ein Versuchsprotokoll an.

b) Zerteile die magnetisierte Büroklammer mit der Zange. Vermeide dabei wegfliegende Teile! Halte die Enden der einzelnen Teile jeweils an die Stecknadel und untersuche, ob diese nun angezogen wird. Protokolliere die Ergebnisse.

c) Halte die Briefklammer in der Hand und lege ein Teilstück der magnetisierten Büroklammer darauf. Untersuche nun mithilfe des anderen Teilstücks, ob diese beiden Teile jeweils nur einen oder zwei Magnetpole besitzen. Beschreibe deine Beobachtungen.

Gegenstände aus ferromagnetischen Materialien lassen sich also mithilfe eines Magneten **dauerhaft magnetisieren**. Dadurch werden sie dann selbst zu einem Magneten mit zwei Magnetpolen.

Wenn du schon einen Magneten hast, kannst du einen zweiten bekommen, indem du den vorhandenen Magneten in zwei Teile teilst (Versuch **V1b**). Dabei zeigt Versuch **V1c**, dass jeder der beiden Teile nicht bloß einen Magnetpol besitzt, sondern an jedem der beiden Teilstücke ein Nordpol und ein Südpol vorhanden ist.

Untersucht man das genauer, stellt man fest, dass die ursprünglichen Pole an den äußeren Enden bestehen bleiben und an den beiden Bruchstellen jeweils ein andersnamiger Pol entsteht. Das Teilen kann man im Prinzip beliebig oft wiederholen; jedes der Teilstücke ist dann wieder ein Magnet mit einem Paar aus magnetischem Nord- und Südpol (Bild **B1**).

Fügt man zwei Teile mit ungleichnamigen Polen wieder aneinander, erhält man wieder einen einzigen Magneten mit zwei Polen. Bis heute hat man magnetische Pole immer nur als Paare von Nord- und Südpolen beobachten können.

! Merksatz

Gegenstände aus ferromagnetischen Materialien können dauerhaft magnetisiert werden, indem man mit einem Magneten an ihnen entlang streicht.
Teilt man einen Magneten in zwei oder mehrere Teile, so ist jedes Teilstück wieder ein Magnet mit einem Nordpol und einem Südpol.

Ferromagnetische Materialien werden übrigens auch magnetisiert, wenn sie längere Zeit in der Nähe eines starken Magneten liegen bleiben.

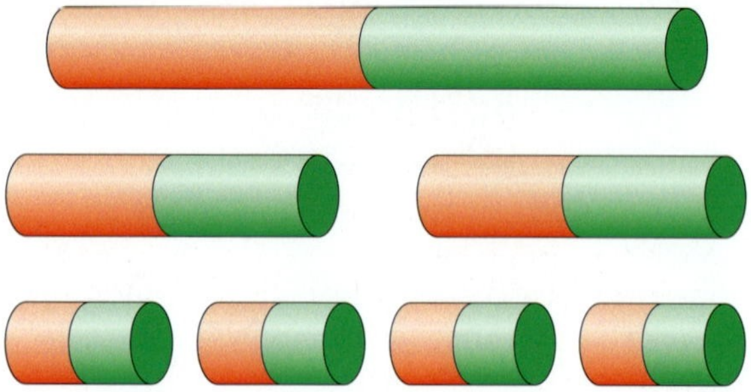

B1 *Durch Teilen eines Magneten entstehen neue Magnete mit jeweils einem Paar aus magnetischem Nord- und Südpol.*

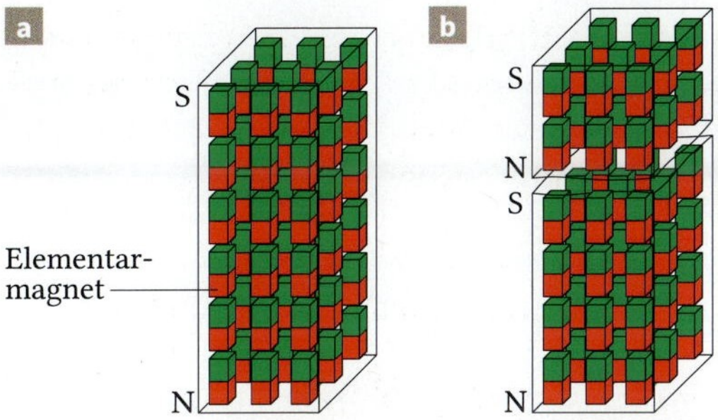

B2 *a) Modell: Magnete bestehen aus winzigen Elementarmagneten, die alle gleich ausgerichtet sind. b) Beim Durchbrechen entstehen zwei neue Magnete mit je zwei Magnetpolen.*

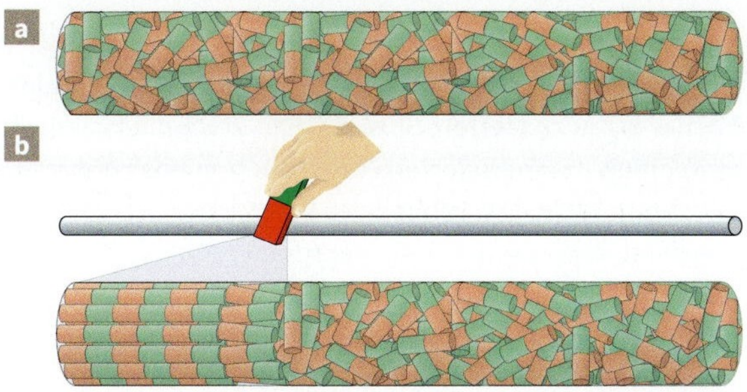

B3 *a) Im unmagnetisierten Eisendraht liegen die Elementarmagnete durcheinander. b) Streicht man mit einem Magneten entlang des Drahts, werden die Elementarmagnete ausgerichtet.*

Das Elementarmagnetmodell – Die Versuche **V1b** und **V1c** zeigen, dass bei jedem Zerteilen eines Magneten wieder vollständige neue Magnete entstehen. Stelle dir nun vor, du teilst den Magneten in immer kleinere Stücke – in der Realität geht das nicht unendlich oft, weil die Stücke irgendwann zu klein sind. Jedes winzige Körnchen des ursprünglichen Magneten bleibt dann immer noch ein Magnet mit zwei Polen.

Umgekehrt könnte man sich vorstellen, dass der ursprüngliche Magnet sich aus lauter winzig kleinen „Minimagneten" zusammensetzt. Tatsächlich führte dieses *Gedankenexperiment* die Physiker zu folgender Vorstellung über das „Innenleben" von Magneten: Sie bestehen demnach aus vielen winzigen **Elementarmagneten**, die schön geordnet jeweils mit ungleichnamigen Polen aneinander „kleben" (siehe Bild **B2a**).
Mithilfe dieses **Modells** lässt sich nun erklären, warum beim Teilen eines Magneten die Teilstücke an der Bruchstelle zwei ungleichnamige Pole tragen. Bild **B2b** zeigt, dass an der Trennstelle jeweils Paare von Elementarmagneten auseinandergerissen werden, die mit ungleichnamigen Polen aneinander hafteten.

Auch das Magnetisieren eines Eisendrahts lässt sich so erklären. Im unmagnetisierten Draht liegen die Elementarmagnete wild durcheinander. Ihre magnetischen Wirkungen heben sich so gegenseitig auf und es entstehen keine magnetischen Pole (Bild **B3a**). Streicht man wie in Versuch **V1a** z. B. mit dem Nordpol eines Magneten am Draht entlang, so werden die Südpole der Elementarmagnete mitgezogen und richten sich immer mehr in eine Richtung aus (Bild **B3b**).

! Merksatz

Magnete und magnetische Materialien setzen sich aus winzigen Elementarmagneten zusammen. In Magneten sind diese alle gleich ausgerichtet.

Kompetenz: Mit Modellen arbeiten

Physikerinnen und Physiker stellen Fragen an die Natur. Um diese Fragen zu beantworten, führen sie Experimente durch. Dabei suchen sie stets nach einem *logischen Zusammenhang* zwischen der Durchführung des Experiments und dessen Ergebnis – sie wollen das Ergebnis des Experiments *erklären*.

Manchmal benutzen sie dazu eine Vorstellungshilfe, nämlich ein *Modell* der Wirklichkeit. Ein solches Modell ist beispielsweise die Vorstellung, dass sich Magnete aus vielen kleinen *Elementarmagneten* zusammensetzen, die geordnet aneinander „kleben". Das Modell Elementarmagnet hilft uns, den Unterschied zwischen einem unmagnetiserten und einem magnetisierten Nagel zu verstehen oder warum beim Teilen eines Magneten zwei neue Magnete entstehen.

Modelle verbessern unser Verständnis für die Natur. Gute Modelle lassen außerdem Vorhersagen für weitere Vorgänge und Experimente zu. Trotzdem entsprechen sie nicht exakt der Wirklichkeit, denn sie können meist nicht alle Phänomene erklären. Man sagt daher auch, dass jedes Modell seine *Grenzen* hat. Wenn bei einem Experiment das Ergebnis also nicht der Vorhersage des Modells entspricht, muss man eine schwierige Entscheidung treffen: Ist beim Experiment etwas schiefgelaufen – oder passt das Modell nicht mehr? Das ist eine anspruchsvolle Aufgabe.

Anwendungen zum Elementarmagnetemodell – Das Modell mit den Elementarmagenten erlaubt dir auch Vorhersagen zu treffen. So stellt sich etwa die Frage, ob man einen magnetisierten Nagel auch wieder entmagnetisieren kann. Das Modell der Elementarmagnete sagt uns dazu, dass wir dafür die geordneten Elementarmagnete wieder in Unordnung bringen müssen. Mache auf dieser Grundlage eine Vorhersage zu dem Ergebnis von Versuch **V1** und überprüfe sie anschließend.

V1 Schülerversuch: Entmagnetisieren

Material: ein magnetisierter Nagel, eine Stecknadel, ein Hammer, ein Brett als Unterlage
Durchführung: Prüfe zuerst, ob der Nagel magnetisiert ist. Klopfe dann einige Male kräftig auf den Nagel. Überprüfe anschließend seine Magnetisierung. Beschreibe das Ergebnis.

Starke Erschütterungen bringen tatsächlich Unordnung in die Elementarmagnete. Daher soll man Magnete nicht auf den Boden fallen lassen – dadurch verringert sich nämlich ihre Magnetisierung.

Auch die Situationen im Bild **B1** lassen sich mit dem Modell erklären. Unter dem Einfluss des Hufeisenmagneten in Bild **B1a** richten sich einige Elementarmagnete in den obersten Büroklammern aus. Diese werden dadurch selbst zu Magneten und ziehen weitere Büroklammern an usw. Im Ferrofluid in Bild **B1b** werden winzige ferromagnetische Teilchen magnetisiert, die dann aneinander hängen und so den „Igel" bilden.

B1 *a) Die Büroklammern hängen magnetisch aneinander und bilden Ketten. b) Das Ferrofluid auf der Glasplatte besteht aus Öl, gemischt mit ferromagnetischen Teilchen. Darunter ist ein Magnet.*

Beispielaufgabe

a) Baue den Versuch aus dem Bild mit einem Magneten, einem unmagnetisierten Eisenstück und einem unmagnetisierten Eisennagel auf. Halte das Eisenstück auf dem Tisch fest und entferne vorsichtig den Magneten. Beschreibe deine Beobachtungen.
b) Erkläre dein Ergebnis mit dem Modell der Elementarmagnete.

Lösung:
a) Entfernt man den Magneten, fällt der Nagel herunter.
b) Wenn der Magnet in der Nähe des Eisenstücks ist, werden manche Elementarmagnete im Eisenstück durch den Magneten ausgerichtet. Das Eisenstück wird dadurch selbst zum Magneten und zieht den Eisennagel an.

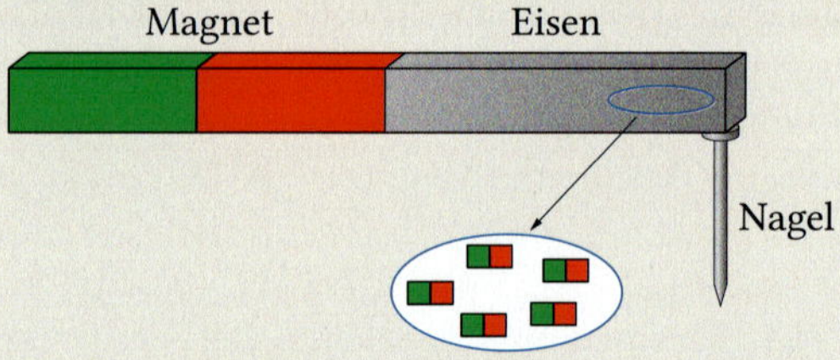

Entfernst du den Magneten, drehen sich die Elementarmagnete im Eisenstück wieder in beliebige Richtungen. Das Eisenstück ist nur noch ein sehr schwacher Magnet. Die Anziehungskraft reicht nicht mehr, um den Nagel zu halten:

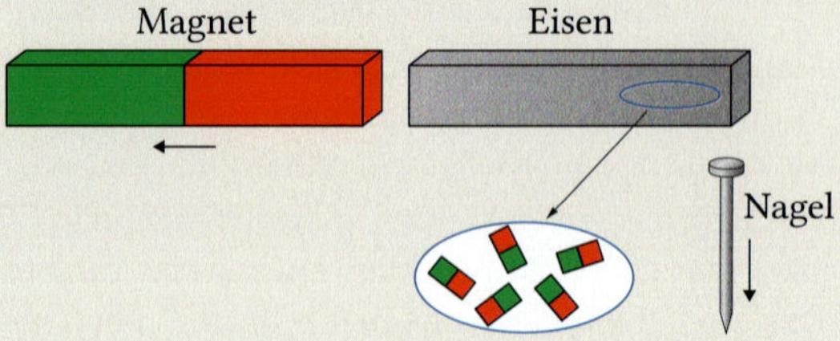

Löse selbst

1 Fotografiere möglichst viele Beispiele (mindestens drei), bei denen Magnete im Alltag eingesetzt werden.

2 Untersuche Teile deines Fahrrads mit einem Magneten. Stelle das Ergebnis in einer Tabelle zusammen.

3 Finde heraus, welche Münzen im Euro-Raum ferromagnetisch sind. Stelle sie in einer Tabelle zusammen. Gib an, welchen Nutzen das haben könnte.

4 **Heimexperiment:** a) Bestimme die Entfernung, ab der ferromagnetische Gegenstände (z. B. Büroklammern) von einem Magneten angezogen werden. Fertige ein Versuchsprotokoll dazu an.

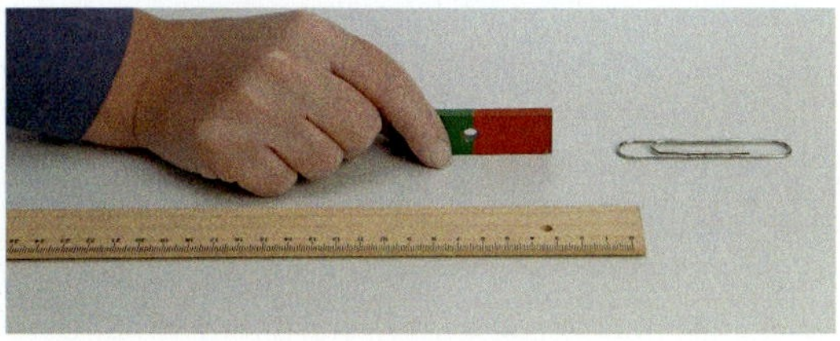

b) Halte verschiedene Materialien (Papier, Holz, Plastik, Glas, ...) zwischen den Magneten und die Büroklammer. Untersuche, ob sich an der Entfernung aus Aufgabe a) etwas ändert. Notiere deine Ergebnisse.

5 Erkläre den Vorgang. Zeichne ein entsprechendes Bild, wenn man einen der beiden Magnete umdreht.

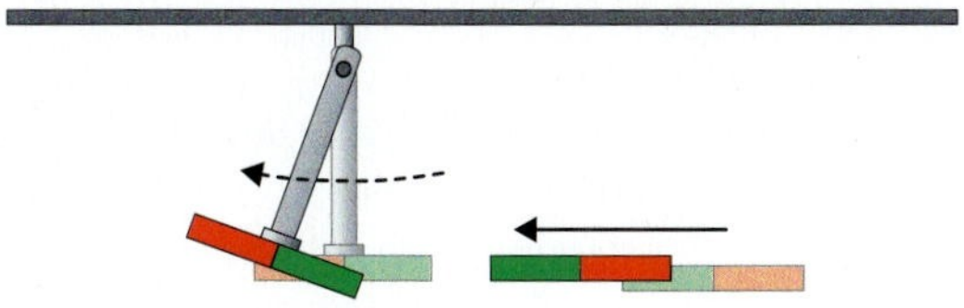

6 Sieh dir die drei dargestellten Versuche genau an. Übertrage sie in dein Heft und markiere die Pole der Magneten mit den richtigen Farben.

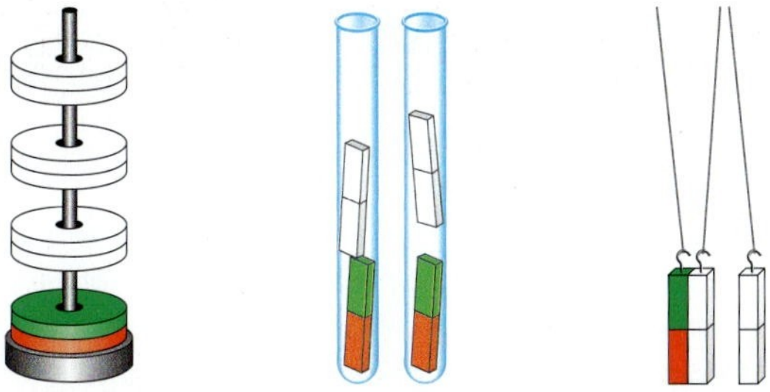

7 **Heimexperiment:** Du benötigst einen Magneten und einen Nagel o.ä. aus Eisen. Notiere bei jeder Aufgabe deine Beobachtungen genau (evtl. mit Skizzen).
a) Taste mit der Spitze des Nagels verschiedene Stellen des Magneten ab. Achte darauf, ob die magnetische Anziehung an allen Stellen gleich stark ist.
b) Mache es nun umgekehrt: Taste mit einem Ende des Magneten verschiedene Stellen des Nagels ab und beobachte die magnetische Anziehung.
c) Mithilfe der unterschiedlichen Ergebnisse von a) und b) kannst du herausfinden, ob ein Eisennagel dauerhaft magnetisiert wurde. Erkläre, auf welche Weise du das herausfindest.

8 Im Handel gibt es so genannte singende Magnete (siehe Bild). Erkunde deren Pole mithilfe eines Stabmagneten. Fertige eine Zeichnung an, wo welcher Pol liegt.

9 a) Zeichne jeweils ein Bild, das die Anordnung der Elementarmagnete in einem Hufeisenmagneten bzw. in einem Scheibenmagneten zeigt.
b) Zeichne passende Bilder mit Elementarmagneten zu den Situationen in Bild **B1** auf Seite 20.

10 Zwei Nägel haften mit ihren Enden magnetisch aneinander. Dafür gibt es drei mögliche Erklärungen.
a) Skizziere für jede der drei Situationen die Ausrichtung der Elementarmagnete in den Nägeln.
b) Die Nägel werden voneinander getrennt. Beschreibe, was sich bei den Elementarmagneten ändert.

11 Hänge zwei unmagnetisierte Nägel an langen Fäden auf. Führe dann einen Magneten von unten heran, ohne dass er die Nägel berührt (siehe Bild).
a) Fertige ein Versuchsprotokoll an.
b) Erkläre das Versuchsergebnis mithilfe des Modells der Elementarmagnete. Zeichne passende Bilder.

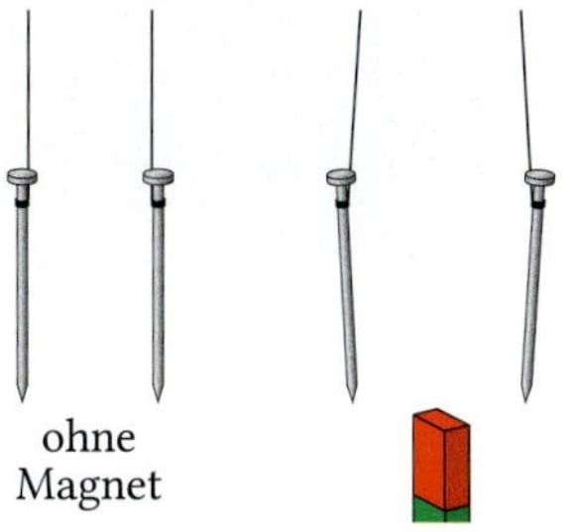

1.3 Auch die Erde ist ein Magnet

B1 *Meeresschildkröten orientieren sich unter anderem auch am Magnetfeld der Erde.*

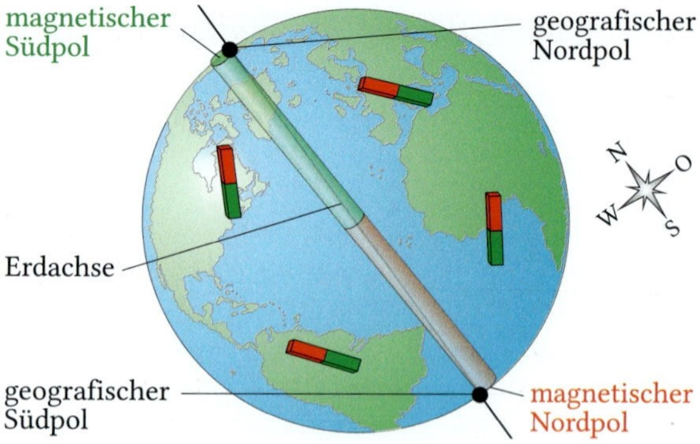

B2 *Auch ein Modell: Die Erde wirkt wie ein riesiger Stabmagnet.*

Die Erde ist selbst ein Magnet. Wenn du dich heutzutage auf der Erde orientieren willst, kannst du ein Handy mit GPS-Funktion verwenden. Satellitensignale und digitale Landkarten helfen dir dabei, den Weg zu finden. Eine andere Methode, die unabhängig davon ist, ob der Akku deines Handys geladen ist, bieten ein **Kompass** und eine **Landkarte** (Bild **B3**). Dabei nutzt man mit dem Kompass aus, dass die Erde selbst ein Magnet ist, dessen Wirkung man auch in einigem Abstand beobachten kann. Man sagt auch, dass die Erde ein **Magnetfeld** besitzt. Auch manche Tierarten, wie z. B. die Meeresschildkröte in Bild **B1**, orientieren sich an diesem Erdmagnetfeld.

Orientierung mit dem Kompass – Schon vor etwa 1000 Jahren entdeckte man, dass sich ein schwimmender Magnet immer entlang der Nord-Süd-Richtung ausrichtet. Daraus entwickelte sich der magnetische Kompass in heutiger Form (Bild **B3a**). Der magnetische Nordpol jeder Kompassnadel – meist durch eine Spitze oder Farbe gekennzeichnet – zeigt derzeit auf der Erde immer in die geografische Nordrichtung, außer es befinden sich starke Magnete oder magnetische Materialien in unmittelbarer Nähe. Die Spitze der Kompassnadel wird offensichtlich vom magnetischen Südpol eines anderen Magneten angezogen. Dieser Magnet ist die Erde.

Du kannst dir vereinfacht vorstellen, dass im Erdinneren ein großer Stabmagnet existiert (Bild **B2**), der die Kompassnadel beeinflusst. Dieses *Modell* ist natürlich nicht ganz korrekt, aber es ist gut genug, um viele Dinge erklären und Vorhersagen treffen zu können.

Bei Wanderungen oder Radtouren mit Kompass und Karte stellst du zuerst mithilfe des Kompasses fest, wo die *Nord-Süd-Richtung* liegt. Dabei drehst du das Kompassgehäuse so weit, bis die Spitze der Kompassnadel mit der Markierung „N“ auf der Winkelskala übereinstimmt. In Bild **B3a** ist das Gehäuse also schon richtig ausgerichtet.

Dann richtest du die Karte so aus, dass die Nord-Süd-Richtung der Karte mit der des Kompasses übereinstimmt – du „nordest die Karte ein“ (Bild **B3b**). Mithilfe

B3 *a) Der Kompass: In einem nicht magnetisierbaren Gehäuse ist eine Magnetnadel leicht drehbar über einer Skala gelagert. b) Der magnetische Nordpol der Kompassnadel zeigt zum geografischen Nordpol. Danach kann man die Landkarte ausrichten.*

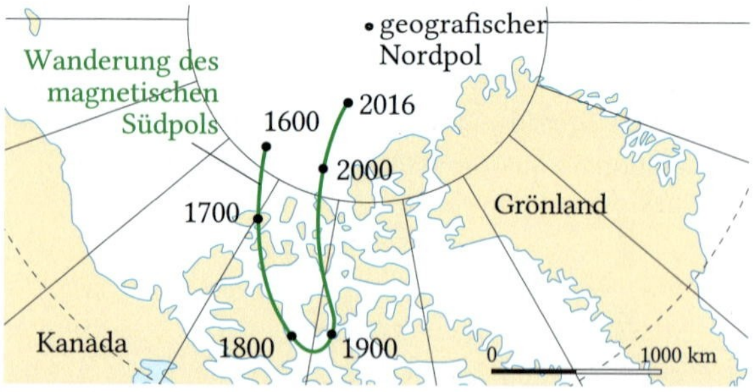

B4 *In der Nähe des geografischen Nordpols befindet sich ein magnetischer Südpol. Dabei stimmen die Orte von magnetischem und geografischem Pol der Erde nicht überein. Der magnetische Pol verändert sogar ständig seinen Ort.*

der Winkelskala des Kompasses kannst du auch andere Himmelsrichtungen angeben, wie z. B. 30° NO (Nord-Ost) oder 195° SSW (Süd-Südwest).

Genaueres zum Magnetfeld der Erde – Beim Begriff „Pole“ musst du genau hinsehen, denn die Erde hat zwei Paare von Polen. Da sind zunächst die **geografischen Pole**: Das sind die Stellen, an denen die gedachte Drehachse der Erde durch die Erdoberfläche stößt. Dann gibt es die **magnetischen Pole**. Eine Kompassnadel weist mit ihrem magnetischen Nordpol zum geografischen Nordpol der Erde. Das bedeutet aber: Beim *geografischen Nordpol* liegt der *magnetische Südpol*. Umgekehrt liegt beim *geografischen Südpol* der *magnetische Nordpol* (Bild **B2**).

Schwierig wird die Orientierung mit dem magnetischen Kompass in der Nähe der geografischen Pole. Die magnetischen Pole befinden sich nämlich an anderen Orten als die geografischen Pole. Zudem verändern diese ständig ihre Lage (siehe Bild **B4**). Derzeit wandern sie mit etwa einem Kilometer pro Woche.

In den 1960er-Jahren hat man zudem entdeckt, dass sich das Erdmagnetfeld alle 250 000 bis 500 000 Jahre umpolte. Die jeweilige Polung ist in Gesteinsschichten am Ozeanboden, die dementsprechend magnetisiert wurden, quasi „gespeichert“ (siehe Bild **B5**).

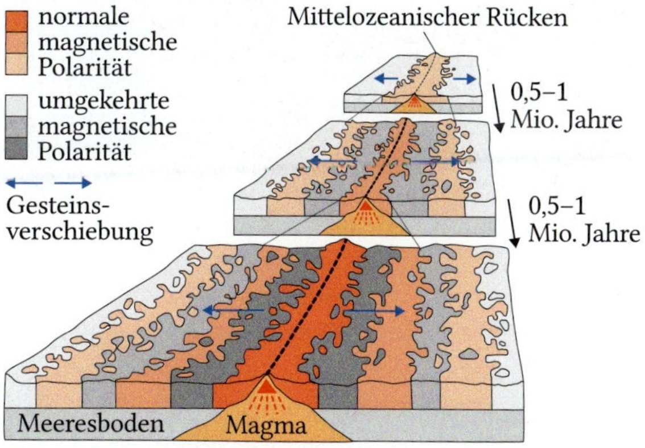

B5 *Am Meeresboden dringt heißes unmagnetisiertes Magma aus dem Erdinneren nach oben und drückt alte Schichten zur Seite. Beim Abkühlen wird es durch das vorhandene Erdmagnetfeld dauerhaft magnetisiert.*

Löse selbst

1 Recherchiere, welche Bezeichnungen für Himmelsrichtungen verwendet werden. Beschreibe, wie sie mit der Winkelskala auf dem Kompass zusammenhängen.

2 Erkundige dich, wie man sich mit Kompass und Landkarte im Gelände orientiert. Schreibe eine kurze Anleitung unter Verwendung der Begriffe „Karte einnorden“ und „Ziel anpeilen“.

3 Das Bild zeigt einen chinesischen Löffelkompass. Erläutere, wie er funktioniert und recherchiere, seit wann Kompasse genutzt werden.

4 Erstelle mithilfe eines Kompasses eine Skizze, die jeweils die Himmelsrichtungen zeigt:
a) von deinem Zimmer;
b) von deinem Klassenzimmer;
c) von der Straße vor dem Haus, in dem du wohnst;
d) von der Straße vor der Schule;
e) vom Straßenverlauf in deinem Wohnviertel.

5 **Heimexperiment:** Baue selbst einen Kompass nach Methode a) oder Methode b) und teste ihn anschließend. Magnetisiere dazu eine Sticknadel oder einen Nagel. Fertige eine Bauanleitung an.

a)

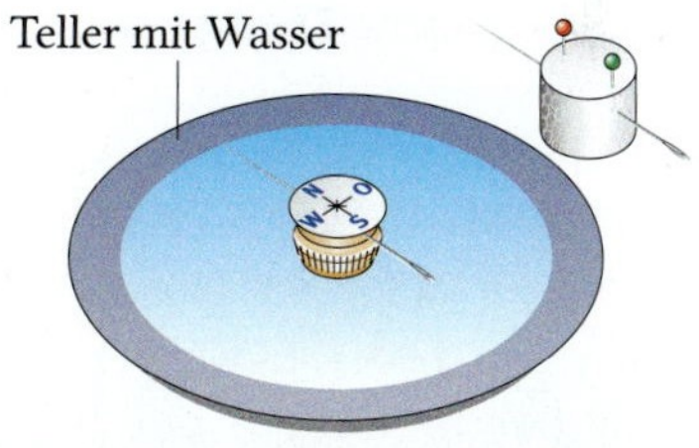

b)

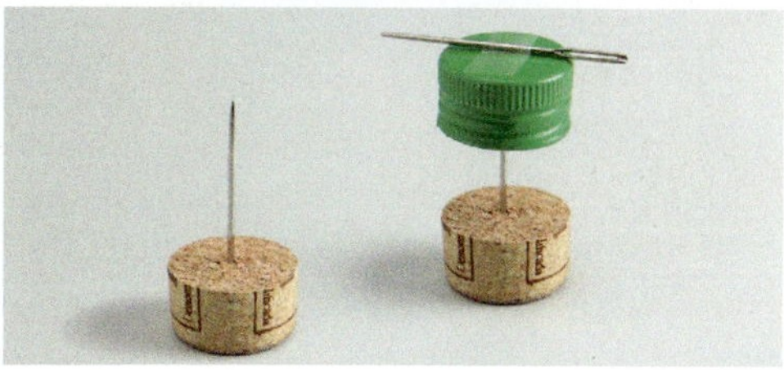

6 Mit Angaben wie „Gehe 50 m in Richtung 30° NO“ kannst du eine Schatzsuche veranstalten. Entwirf einen Schatzplan und lass die Suche durchführen.

1.4 Die Dichte – eine Kenngröße für Materialien

B1 *Auch wenn beide gleich schwer sind: Der Stein geht im Wasser immer unter, das Holzstück schwimmt.*

B2 *Der Apfel schwimmt im Wasser - er hat ein größeres Volumen als eine Wassermenge mit der gleichen Masse.*

Gleiche Masse, verschiedenes Volumen – Lukas und Julia sitzen am See und werfen abwechselnd Steine und Holzstücke ins Wasser. Irgendwann fällt ihnen auf: Auch die kleinen leichten Steine gehen immer im Wasser unter. Ein deutlich schwereres Holzstück hingegen schwimmt immer im Wasser. Selbst wenn Stein und Holzstück gleich schwer sind – also die gleiche **Masse** besitzen – ändert sich an der Sache nichts (Bild **B1**). Sie bemerken jedoch, dass der Stein ein wesentlich kleineres **Volumen** hat als das gleich schwere Holzstück, und vermuten einen Zusammenhang mit der Schwimmfähigkeit des Körpers.

Im Versuch **V1** untersuchen Julia und Lukas daher, wie groß die Volumen eines Steins, eines Holzstücks und einer Wassermenge sind, die jeweils *gleiche Massen* haben. Um den Überblick zu behalten, fassen sie ihre Ergebnisse in der Tabelle **T1** zusammen.

Material	Holz	Wasser	Stein
Masse m in g	26	26	26
Volumen V in cm^3	62	26	15

T1 *Beispiele von Messwerten des Versuchs **V1***

Bei gleicher Masse ist hat das Holzstück ein *größeres* Volumen als die Wassermenge; das Volumen des Steins hingegen ist *kleiner* als beim Wasser. Lukas und Julia folgern nun: Gegenstände schwimmen im Wasser, wenn ihr Volumen größer ist als bei einer Wassermenge der gleichen Masse (z.B. beim Apfel in Bild **B2**). Ist ihr Volumen kleiner, gehen sie unter.

! Merksatz

Gegenstände schwimmen im Wasser, wenn ihr Volumen größer ist als das Volumen einer Wassermenge mit der gleichen Masse. Sie gehen unter, wenn ihr Volumen kleiner ist als dieses Wasservolumen.

V1 Schülerversuch: Volumen bei gleicher Masse

Material: Messbecher, Waage, Lineal, drei gleiche Becher oder Gläser, Kieselsteine, quaderförmiges Holzstück (z.B. Bauklotz), Wasser

Durchführung: Schalte die Waage mit Waagschale ein, sodass sie anfangs „0 g" anzeigt. Wiege dann den Holzklotz.

Nimm den Holzklotz heraus und fülle so viele Kieselsteine in die Schale, bis die gleiche Masse angezeigt wird.
Gib die Kieselsteine in den Messzylinder.
Fülle anschließend so viel Wasser in die Waagschale, bis du wieder die gleiche Masse erreichst.

Rüttle nun den Messbecher, mit den Kieselsteinen, bis sich eine nahezu ebene Oberfläche ergibt. Lies dann das Volumen ab. Leere die Kieselsteine aus und gib dann das Wasser aus der Waagschale in den Messzylinder.

Notiere die Werte in einer Tabelle.

V2 Schülerversuch: Masse bei gleichem Volumen

Material: zwei gleiche Becher bzw. Gläser, Wasser, Kieselsteine, Holzlatte mit rechteckigem Querschnitt, Waage, Säge

Vorbereitung: Bestimme zuerst die Massen der leeren Becher. Hat deine Waage eine „Tara"-Taste (engl. „tare"), so kannst du zuerst die leeren Becher auf sie stellen und mithilfe der Taste die Anzeige auf Null setzen. So wird die Masse des Becherinhalts ohne die Masse des Bechers angezeigt.

Durchführung: Fülle je einen Becher bis oben mit Wasser bzw. Kieselsteinen. Säge ein Stück von der Holzlatte ab, das rechnerisch das Bechervolumen hat. Bestimme anschließend die Massen der Becherinhalte und des Holzquaders mithilfe der Waage. Notiere die Werte in einer Tabelle.

Gleiches Volumen, verschiedene Masse – Lea und Tim betrachten die Sache nun umgekehrt wie Lukas und Julia: Sie füllen Wasser und Kieselsteine in gleich große Becher und messen deren Masse (Versuch **V2**).

Sie stellen fest: Bei *gleichem Volumen* haben die Steine mehr Masse als das Wasser. Sie sägen sich einen Holzquader mit dem gleichen Volumen zurecht – er besitzt eine kleinere Masse als das Wasser (Tabelle **T2**).

Material	Holz	Wasser	Stein
Volumen V in cm^3	250	250	250
Masse m in g	105	250	415

T2 *Beispiele von Messwerten von Versuch* ***V2***

Lea und Tim stellen nun folgende Regel auf:
Ein Gegenstand geht im Wasser unter, wenn er eine größere Masse hat als das *gleiche Volumen* Wasser. Er schwimmt darin, wenn seine Masse kleiner ist als die Masse eines entsprechenden Wasservolumens.

Kompetenz: Physikalische Größen

Aus der Mathematik kennst du schon Größen wie Länge, Volumen etc. Du hast auch Schreibweisen kennengelernt wie $m = 300$ g oder $V = 40$ cm^3. Siehst du dir solche Angaben genau an, bemerkst du, dass sie alle gleich aufgebaut sind:
Zuerst zeigt ein **Formelbuchstabe**, was die nachfolgende Angabe bedeuten soll (z. B. steht m für „Masse", V für „Volumen"). Nach dem Gleichheitszeichen geben dir **Maßzahl** und **Einheit** den zugehörigen Messwert an. Sie gehören immer zusammen – ohne eine Einheit hat eine Maßzahl keine Aussagekraft! Merke dir also, dass man Messwerte für eine physikalische Größe immer in folgender Form angibt:

„Formelbuchstabe = Maßzahl Einheit".

Für Rechnungen darfst du dir dabei zwischen Maßzahl und Einheit einen Malpunkt denken.

$$m = 27{,}5\ \text{kg} = 27{,}5 \cdot 1\ \text{kg}$$

Formelzeichen Maßzahl Einheit

Allgemein benötigst du folgende fünf Dinge, um eine physikalische Größe zu beschreiben:
- den Namen der Größe,
- ein zugehöriges Formelzeichen,
- die Grundeinheit, in der sie gemessen wird,
- eine Abkürzung dafür,
- ein Messverfahren.

Für die Beispiele „Volumen" und „Masse":

Name der Größe	Volumen	Masse
Formelzeichen	V	m
Grundeinheit	ein Kubikmeter	ein Kilogramm
Abkürzung der Grundeinheit	1 m^3	1 kg
Messverfahren	z. B. in ein Messgefäß füllen	mit einer Waage wiegen

Um die Grundeinheit einer Größe anzugeben, verwendet man die Kurzschreibweise:

$[m]$ = 1 Kilogramm = 1 kg.

Lies: „Die Grundeinheit der physikalischen Größe Masse m ist ein Kilogramm, abgekürzt 1 kg".

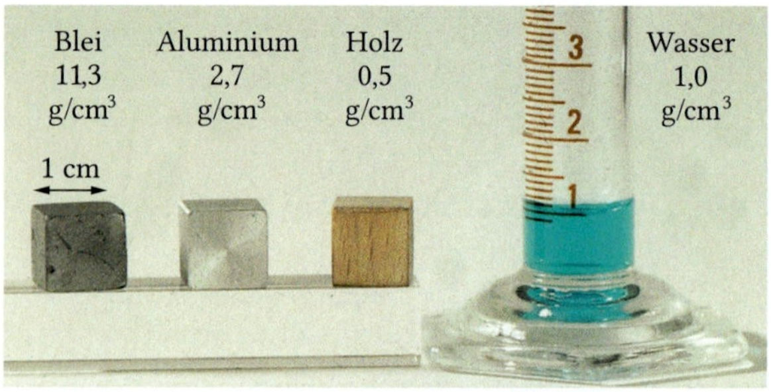

B1 *Die Dichte in der Einheit $\frac{g}{cm^3}$ gibt an, welche Masse ein Kubikzentimeter (Milliliter) des Materials hat.*

Die Dichte ist eine praktische Kenngröße. Lukas, Julia, Lea und Tim stoßen nun auf ein Problem: Die einen vergleichen Gegenstände bei gleicher Masse, die anderen bei gleichem Volumen. Was aber, wenn weder das eine noch das andere gleich ist?

Sie überlegen: Aus den Tabellen **T1** und **T2** von Seite 24 und Seite 25 können sie berechnen, wie viel *ein Kubikzentimeter* des Materials jeweils wiegt. Dazu müssen sie nur die Masse m durch das Volumen V teilen. Die Tabelle zeigt die Resultate ihrer Berechnungen:

Material	Holz	Wasser	Stein
T1: $\frac{m}{V}$ in $\frac{g}{cm^3}$	0,42	1,00	1,7
T2: $\frac{m}{V}$ in $\frac{g}{cm^3}$	0,420	1,00	1,66

Sie stellen fest: Aus den Tabellen **T1** und **T2** erhalten sie für jeden Stoff jeweils den gleichen Wert für den Quotienten $\frac{m}{V}$, wobei sie durch Runden die unterschiedliche Messgenauigkeit bei den beiden Messreihen berücksichtigen (siehe Seite 28, **Kompetenz: Gültige Ziffern**). Der Wert des Quotienten $\frac{m}{V}$ für Wasser liegt dabei zwischen dem kleineren Wert für Holz und dem größeren Wert für Stein.

Der Quotient $\frac{m}{V}$ aus Masse und Volumen ist also eine *charakteristische Größe* (*Kenngröße*) für das entsprechende Material. Er erhält den Namen **Dichte** mit dem griechischen Buchstaben ϱ (rho) als Formelzeichen.

$$\text{Dichte} = \frac{\text{Masse des Gegenstands}}{\text{Volumen des Gegenstands}}; \qquad \varrho = \frac{m}{V}.$$

Die Einheit ist eigentlich $[\varrho] = 1\,\frac{kg}{m^3}$.

Aus praktischen Gründen benutzt man aber meist:

$$[\varrho] = 1\,\frac{g}{cm^3} = 1\,\frac{kg}{dm^3} = 1\,\frac{t}{m^3}$$

(siehe **Kompetenz: Einheiten umrechnen** auf Seite 29).

B2 *Die schwimmende Kugel hat eine geringere Dichte, die Kugel am Boden hat eine größere Dichte als Wasser.*

! Merksatz

Als Dichte eines Gegenstands bezeichnet man den Quotienten aus der Masse m und dem Volumen V:

$$\text{Dichte} = \frac{\text{Masse des Gegenstands}}{\text{Volumen des Gegenstands}}; \qquad \varrho = \frac{m}{V}.$$

Die Einheit ist $[\varrho] = 1\,\frac{g}{cm^3} = 1\,\frac{kg}{dm^3} = 1\,\frac{t}{m^3}$.

Die Dichte in $\frac{g}{cm^3}$ beschreibt, wie viel Gramm ein Kubikzentimeter eines Materials wiegt (Bild **B1**). Wasser hat die Dichte 1,0 $\frac{g}{cm^3}$ – ein Kubikzentimeter (Milliliter) Wasser wiegt 1 g, 1000 cm³ (1 Liter) Wasser dann 1000 g = 1 kg. Für Blei ist $\varrho = 11{,}3\,\frac{g}{cm^3}$ – ein 10-Liter-Eimer voll Blei würde 113 kg wiegen!

Lukas, Julia, Tim und Lea haben nun mit der Dichte ϱ ein gemeinsames Entscheidungsmerkmal, ob ein Gegenstand im Wasser untergeht oder schwimmt: *Ein Gegenstand geht im Wasser unter, wenn er eine höhere Dichte hat als Wasser. Er schwimmt, wenn seine Dichte kleiner ist* (siehe Bild **B2**). Diese Regel gilt entsprechend auch bei anderen Flüssigkeiten (Bild **B3**).

! Merksatz

Gegenstände gehen in einer Flüssigkeit unter, wenn sie eine größere Dichte als die Flüssigkeit haben. Sie schwimmen, wenn ihre Dichte kleiner ist.

B3 *Die Dichte von Quecksilber ist etwa doppelt so groß wie die von Messing – der Würfel schwimmt daher darin.*

B4 *Ist der Würfel wirklich aus echtem Gold? Mithilfe der Dichte kannst du das entscheiden.*

Dichte bestimmen, Material erkennen – Die Farbe des Würfels in Bild **B4** glänzt wie Gold. Allerdings gibt es auch einige Metallmischungen (so genannte Legierungen), die ebenfalls goldfarben sind. Die Tabelle **T1** zeigt, dass dir die Dichte bei der Entscheidung helfen kann, um welches Material es sich handelt.

Tatsächlich findet man experimentell für den Würfel in Bild **B4** die Dichte $\varrho = 5{,}2\,\frac{\text{g}}{\text{cm}^3}$. Es kann sich also um kein Material aus Tabelle **T1** handeln. Suchst du ein passendes Material z.B. im Internet (siehe Seite 28, **Methode: Informationsquelle Internet**), so findest du *Pyrit*, eine Verbindung aus Schwefel und Eisen, die man auch „Katzengold“ oder „Narrengold“ nennt. Wie du selbst die Dichte von Gegenständen bestimmen kannst, erfährst du im Schülerversuch **V1**.

Metall bzw. Legierung	**Farbe**	**ϱ in $\frac{\text{g}}{\text{cm}^3}$**
Aluminium (Al)	silbergrau	2,73
Blei (Pb)	grau	11,3
Bronze, Messing (Cu-Legierungen)	gold-bronze	8,2–9,1
Eisen (Fe)	silber-grau	7,6
Gold (Au)	gold	19,3
Kupfer (Cu)	kupferrot	8,9
Nickel (Ni)	silber	8,8
Platin (Pt)	silber	21,4
Silber (Ag)	silber	10,5
Zink (Zn)	silber-grau	7,2
Zinn (Sn)	silber-grau	7,0

T1 *Dichte und Farbe verschiedener Metalle und Legierungen*

V1 Schülerversuch: Dichte von Körpern

Material: Waage, Lineal, Überlaufgefäß (evtl. Eigenbau), Auffanggefäß, Wasser, versch. Gegenstände

Vorbereitung: Lege eine Tabelle an wie hier gezeigt:

Gegenstand	m_G in g	V_G in cm³	ϱ in $\frac{\text{g}}{\text{cm}^3}$
...	...	...	...

Durchführung: Bestimme die Dichte. Miss zuerst die Masse m_G des Gegenstands mit der Waage. Das Volumen V_G kannst du verschieden ermitteln:

1) Regelmäßige Körper: Von manchen regelmäßigen Körpern kannst du das Volumen V_G ausrechnen. Du misst z. B. bei einem Quader Länge l, Breite b und Höhe h und berechnest das Volumen mit der Formel $V_G = l \cdot b \cdot h$.

2) Unregelmäßige Körper: Das Volumen unregelmäßiger Körper kannst du auf zwei Arten bestimmen:

a) Du füllst etwas Wasser in einen Messbecher oder Messzylinder und liest das Volumen V_1 an der Skala ab. Dann tauchst du den Gegenstand vollständig unter und liest nun das Volumen V_2 ab (siehe Bild). Das Volumen V_G des Gegenstands ist dann die Differenz: $V_G = V_2 - V_1$.

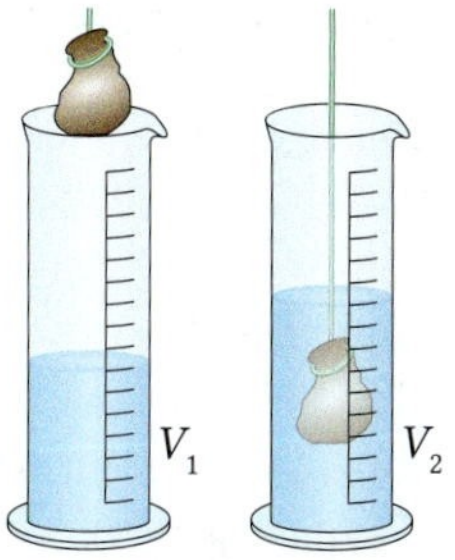

b) Du benutzt ein Überlaufgefäß (siehe Bild). Fülle es bis zum Überlauf mit Wasser. Miss die Masse m_1 des leeren Auffangbehälters. Tauche den Gegenstand vollständig im Überlaufgefäß ein und warte, bis das Wasser abgelaufen ist.

Miss dann die Masse m_2 des Auffangbehälters und berechne die Masse des herausgeflossenen Wassers: $m_W = m_2 - m_1$.
Da die Dichte von Wasser $1{,}0\,\frac{\text{g}}{\text{cm}^3}$ ist, kannst du aus der Maßzahl der Masse m_W (in g) direkt das Volumen V_G des Gegenstands (in cm³) ablesen.
Beispiel: $m_W = 25\text{ g} \rightarrow V_G = 25\text{ cm}^3$

Kompetenz: Gültige Ziffern

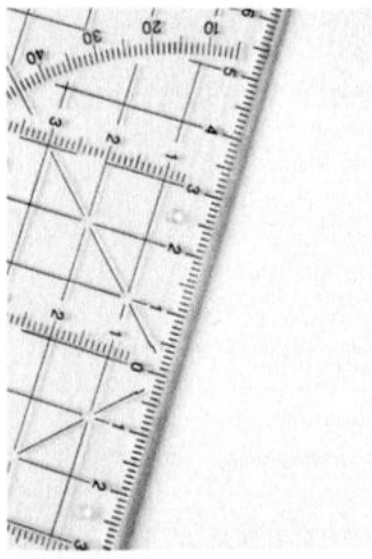

Du hast sicher schon bemerkt, dass du Messungen nur mit einer *begrenzten Messgenauigkeit* ausführen kannst. Du kannst z. B. auf dem Geodreieck Längen höchstens auf einen Millimeter genau ablesen und deine Küchenwaage zeigt nur ganze Gramm an.

Hast du also eine Länge von z. B. 25 mm gemessen, dann liegt der tatsächliche Wert zwischen 24,5 mm und 25,5 mm. Zeigt die Waage den Wert 105 g an, dann liegt der tatsächliche Wert irgendwo zwischen 104,5 g und 105,5 g.

Diese Tatsache spielt in der Physik besonders dann eine wichtige Rolle, wenn eine Größe aus mehreren Messwerten berechnet wird, z. B. das Volumen aus Länge, Breite und Höhe oder die Dichte aus Volumen und Masse. Beim Endergebnis müssen nun nämlich unterschiedliche Messgenauigkeiten berücksichtigt werden. Genaue Verfahren dafür sind recht kompliziert.

Es gibt aber eine *Faustregel*, die das berücksichtigt. Man nennt sie **„gültige Ziffern"**. Dazu gehst du wie folgt vor:

1) Als *gültige Ziffern* (gZ) eines Mess- oder Rechenwerts zählt man alle Ziffern *ohne die Anfangsnullen*; *Endnullen* zählen dabei mit. Beispiele:

2,35 m	→	3 gültige Ziffern (3 gZ)
0,00235 km	→	3 gZ (Nullen *vorne* zählen nicht!)
4,550 dm^3	→	4 gZ (Nullen *hinten* zählen!)

2) Haben die Messwerte *unterschiedlich viele* gültige Ziffern, so ist die *kleinste Anzahl* entscheidend. Das Endergebnis gibt man dann mit dieser kleinsten Anzahl an gültigen Ziffern an. Beispiel:
Messwerte: $m = 50$ g (2 gZ), $V = 15{,}0\ cm^3$ (3 gZ)

$$\varrho = \frac{m}{V} = \frac{50\ g}{15\ cm^3} = 3{,}3\ \frac{g}{cm^3} \qquad (2\ gZ)$$

3) Zwischenergebnisse gibst du mit *zwei gültigen Ziffern mehr* an, als du für das Endergebnis brauchst. Die zusätzliche Stelle benötigst du, um das Endergebnis richtig runden zu können.

Methode: Informationsquelle Internet

Suchmaschinen helfen, Informationen im Internet zu finden, wenn man nicht schon eine bestimmte Internetadresse (URL) kennt. Um die gesuchte Information möglichst schnell zu finden, gibt es hier ein paar Tipps.

dichte metalle

a) Stichworte geschickt verwenden

- Wähle passende Stichworte, z. B. „Dichte" oder „Kork". Achte auf korrekte Rechtschreibung, probiere Singular und Plural sowie Synonyme aus.
- Versuche auch, die Begriffe in der internationalen Wissenschaftssprache Englisch anzugeben.
- Kombiniere mehrere Stichworte, um den Suchbereich genauer einzugrenzen, z. B. „Dichte Metalle".

b) Passende Suchergebnisse auswählen

Als Suchergebnis erhältst du eine Liste mit zahlreichen URLs, die Informationen zu deinem Stichwort enthalten können (siehe Bild).

Anordnung des Periodensystems nach der Dichte
https://www.............htm ▾
Das Verhältnis zwischen Masse und Volumen wird als **Dichte** bezeichnet. ... Die Übersicht listet die **Metalle**, Nichtmetalle, Edelgase, Halogene und ...

Metalle chemische physikalische Eigenschaften
https://www.............htm ▾
1) Eigenschaften 2) Wärmeleitfähigkeit 3) **Dichte** 4) Schmelztemperatur 5) Siedetemperatur 6) Ausdehnungskoeffizient 7) Schallgeschwindigkeit 8) Magnetismus ...

- Die Titelzeile gibt dir schon Hinweise, ob es sich lohnt, die entsprechende Internetseite aufzurufen.
- Die URL kann dir zeigen, ob die Seite zu einer Art Lexikon (z. B. „Wikipedia"), einer Universität, einem Unternehmen oder einer Privatperson gehört.
- Der *Textteil* gibt dir oft konkrete Hinweise, ob dein Suchbegriff auch im passenden Zusammenhang auf der Internetseite zu finden ist.
- Prüfe kritisch die Inhalte: Passt die Information zu deinem bisherigen Wissen? Ist sie aktuell? Sind Quellen und Verfasser angegeben? Bestätigen weitere *unabhängige* Quellen die Information?

Bist du mit den Ergebnissen nicht zufrieden? Dann:

- Nutze die „Erweiterte Suche", falls vorhanden.
- Wechsle die Suchmaschine.

c) Quellen angeben

- Notiere bzw. speichere die URL von den Internetseiten, die die passenden Informationen enthalten.
- Setze ein Lesezeichen in deinem Browser.
- Gib außerdem auch das Datum und den Urhebernamen an (Firma, Universität, Privatperson).

Berechnungen mit der Dichte – Für Rechnungen mit der Dichte kann dir die **Kompetenz: Einheiten umwandeln** nützlich sein. **Beispielaufgabe 1** zeigt dir, worauf du bei der Berechnung der Dichte achten musst. Wie du mithilfe der Dichte die Masse bei bekanntem Volumen berechnest, zeigt dir **Beispielaufgabe 2**.

Beispielaufgabe 1: Dichte berechnen

Luise beobachtet, dass ein Korken und ein Stück Fichtenholz nahezu gleich weit aus dem Wasser herausschauen. Sie vermutet daher, dass Kork und Fichtenholz nahezu die gleiche Dichte haben.

Ihre Messungen haben Folgendes ergeben:
$m_{Kork} = 5\text{ g}$; $V_{Kork} = 14\text{ cm}^3$; $m_{Fichte} = 27\text{ g}$; $V_{Fichte} = 65\text{ cm}^3$

Lösung:

$$\varrho_{Kork} = \frac{m_{Kork}}{V_{Kork}} = \frac{5\text{ g}}{14\text{ cm}^3} = 0{,}357\,\frac{\text{g}}{\text{cm}^3} = 0{,}4\,\frac{\text{g}}{\text{cm}^3} \quad \text{(1 gZ!)}$$

$$\varrho_{Fichte} = \frac{m_{Fichte}}{V_{Fichte}} = \frac{27\text{ g}}{65\text{ cm}^3} = 0{,}415\,\frac{\text{g}}{\text{cm}^3} = 0{,}42\,\frac{\text{g}}{\text{cm}^3} \quad \text{(2 gZ!)}$$

Antwort: Luise hat richtig vermutet. Unter Berücksichtigung ihrer Messgenauigkeit sind die Dichten von Kork und Fichtenholz nahezu gleich.

Beispielaufgabe 2: Masse berechnen

Herr und Frau Meier wollen einen Sandkasten für ihre Jüngsten bauen. Dafür brauchen sie 300 dm³ Sand. Ihr Anhänger darf mit maximal 750 kg beladen werden. Sie überlegen, ob sie mit einer Fahrt auskommen. Sie haben nachgefragt und erfahren, dass der Sand die Dichte $1{,}54\,\frac{\text{t}}{\text{m}^3}$ hat.

Gegeben: $V_{Sand} = 300\text{ dm}^3$; $\varrho_{Sand} = 1{,}54\,\frac{\text{t}}{\text{m}^3}$
Gesucht: m_{Sand}

Lösung: $\varrho_{Sand} = \frac{m_{Sand}}{V_{Sand}} \quad \rightarrow \quad m_{Sand} = \varrho_{Sand} \cdot V_{Sand}$

$$m_{Sand} = \varrho_{Sand} \cdot V_{Sand} = 1{,}54\,\frac{\text{t}}{\text{m}^3} \cdot 300\text{ dm}^3$$

$$= 1{,}54\,\frac{\text{kg}}{\text{dm}^3} \cdot 300\text{ dm}^3 = 462\text{ kg} = 0{,}46\text{ t (2 gZ!)}$$

Antwort: Eine Fahrt reicht, da die benötigte Sandmenge weniger wiegt als die maximale Zuladung.

Kompetenz: Einheiten umwandeln

Wenn du mit der physikalischen Größe *Dichte* rechnest (siehe **Beispielaufgaben**), taucht das Problem auf, dass die *Einheit der Dichte* nicht immer als Quotient aus den Grundeinheiten von Masse (1 kg) und Volumen (1 m³) angegeben ist. Du kannst aber in drei Schritten mit den bekannten Umrechnungen für Masseneinheiten
(1 t = 1000 kg; 1 kg = 1000 g; 1 g = 1000 mg)
und für Volumeneinheiten
(1 m³ = 1000 dm³; 1 dm³ = 1000 cm³; 1 cm³ = 1000 mm³)
die Dichte mit der gewünschten Einheit angeben:
1) Du schreibst im Zähler die Maßzahl vor die Masseneinheit und im Nenner eine „1“ vor die Volumeneinheit.
2) Du wandelst die Angaben in Zähler und Nenner jeweils in die gewünschte Einheit um.
3) Du verrechnest dann die Zahlenwerte von Zähler und Nenner miteinander zur neuen Maßzahl.

Beispiel: Die Dichte von Kupfer ist $\rho_{Cu} = 8{,}96\,\frac{\text{kg}}{\text{dm}^3}$. Gib sie mit den Einheiten $\frac{\text{kg}}{\text{cm}^3}$, $\frac{\text{kg}}{\text{m}^3}$ und $\frac{\text{g}}{\text{cm}^3}$ an.

Lösung:

$$\rho_{Cu} = 8{,}96\,\frac{\text{kg}}{\text{dm}^3} = \frac{8{,}96\text{ kg}}{1\text{ dm}^3} = \frac{8{,}96\text{ kg}}{1000\text{ cm}^3} = 0{,}00896\,\frac{\text{kg}}{\text{cm}^3}$$

$$\rho_{Cu} = 8{,}96\,\frac{\text{kg}}{\text{dm}^3} = \frac{8{,}96\text{ kg}}{1\text{ dm}^3} = \frac{8{,}96\text{ kg}}{0{,}001\text{ m}^3} = 8960\,\frac{\text{kg}}{\text{m}^3}$$

$$\rho_{Cu} = 8{,}96\,\frac{\text{kg}}{\text{dm}^3} = \frac{8{,}96\text{ kg}}{1\text{ dm}^3} = \frac{8960\text{ g}}{1000\text{ cm}^3} = 8{,}96\,\frac{\text{g}}{\text{cm}^3}$$

Für Spezialisten: Volumen berechnen

Klara und Klaus sehen in der Auslage einer Bank die Attrappe eines Goldbarrens, der 1000 g wiegt. Sie wundern sich, dass er so klein sein soll. Sie recherchieren, dass die Dichte von Gold $19{,}3\,\frac{\text{g}}{\text{cm}^3}$ ist.

Gegeben: $m_{Gold} = 1000\text{ g}$; $\varrho_{Gold} = 19{,}3\,\frac{\text{g}}{\text{cm}^3}$
Gesucht: V_{Gold}
Lösung:

$$\varrho_{Gold} = \frac{m_{Gold}}{V_{Gold}} \quad \rightarrow \quad V_{Gold} = \frac{m_{Gold}}{\varrho_{Gold}}$$

$$V_{Gold} = \frac{m_{Gold}}{\varrho_{Gold}} = \frac{1000\text{ g}}{19{,}3\,\frac{\text{g}}{\text{cm}^3}} = 51{,}8\text{ cm}^3.$$

Antwort: Der Goldbarren hat etwa ein Viertel des Volumens eines Wasserglases mit 200 ml.

Kompetenz: Physikalische und nicht-physikalische Argumente unterscheiden

Medien wie Zeitungen, Zeitschriften, Bücher oder Internetseiten enthalten häufig Informationen aus verschiedenen Themenbereichen, die für die Bewertung einer Situation eine Rolle spielen. Der nebenstehende Text zur „Werbung mit Zeppelinen" ist dafür ein Beispiel. An ihm wird dir hier gezeigt, wie du die *physikalischen Argumente* erkennen kannst.

- Lies den Text sorgfältig und mehrfach durch.
- Unterstreiche unbekannte Wörter (nur in eigenem Buch, eigener Zeitschrift usw.!) und ermittle ihre Bedeutung (z. B. mithilfe von Lexika, Sachbüchern oder Internetseiten).
  Beispiel: dynamischer Auftrieb: eine Kraft, die senkrecht zur Anströmrichtung auf einen Flugzeugflügel wirkt und ihn dadurch nach oben drückt.
- Markiere *Schlüsselwörter*, die auf *physkalische Inhalte* schließen lassen, z. B. Fachbegriffe und Daten, die du aus dem Physikunterricht kennst.
  Beispiel: *Dichteunterschied*, *Dichte*, *(0,179 $\frac{kg}{m^3}$)*
- Suche nach Stellen, an denen ein physikalischer Inhalt ungenau formuliert wird. Übersetze diese in korrekte Fachsprache.
  Beispiel: das leichter ist als Luft
  ➡ das eine geringere Dichte hat als Luft
- Markiere *Schlüsselwörter*, die auf *nicht-physikalischen Inhalt* schließen lassen, in einer anderen Farbe.
  Beispiel: *eher leicht entzündlich*, *sehr teuer*
- Unterteile den Text in *sinnvolle Abschnitte* und formuliere eine *Frage*, die in diesem Abschnitt beantwortet wird. Entscheide, welche physikalischen und welche nicht-physikalischen Argumente bei der Beantwortung eine Rolle spielen.
  Beispiel:
  Frage zum Abschnitt „Damit der Auftrieb...":
  Was spricht für bzw. gegen Helium als Füllgas?
  Physikalisches Argument: viel geringere Dichte als Luft (0,179 $\frac{kg}{m^3}$).
  Nicht-physikalisches Argument: sehr teuer
  Antwort: Aus physikalischen Gründen wäre Helium wegen der sehr geringen Dichte sehr gut geeignet, allerdings ist es sehr teuer.

Werbung mit Zeppelinen

Zeppeline bieten große, weithin sichtbare Werbeflächen. Friedlich schweben sie durch die Lüfte wie übergroße Luftballone und stellen einen attraktiven Blickfang dar.

Dabei war der ursprüngliche Zweck dieser Luftschiffe alles andere als friedlich. Ferdinand Graf ZEPPELIN hatte sich nach dem Krieg gegen Frankreich im Jahr 1871 zum Ziel gesetzt, für militärische Zwecke lenkbare Luftschiffe zu bauen. Im Jahr 1900 stieg sein erstes Luftschiff LZ1 über dem Bodensee auf.

Zeppeline nutzen dabei den statischen Auftrieb, der durch den Dichteunterschied zwischen der Luft und dem Zeppelin zustande kommt. Flugzeuge hingegen nutzen den dynamischen Auftrieb. Sie müssen ständig in Bewegung bleiben, um nicht abzustürzen.
Prinzipiell steigen Gegenstände in Luft auf, wenn ihre Dichte verglichen mit Luft (ca. 1,3 $\frac{kg}{m^3}$) geringer ist. Zeppeline können auch in einer Luftschicht stehen bleiben, die die gleiche Dichte wie der Zeppelin hat.

Damit der Auftrieb groß genug wird, müssen riesige Mengen eines Gases in die Hülle eingefüllt werden, das leichter ist als Luft. Infrage kommen hier nur Helium (0,179 $\frac{kg}{m^3}$), Wasserstoff (0,089 $\frac{kg}{m^3}$) oder heiße Luft. Sie alle haben Vor- und Nachteile:
Wasserstoff wird nicht mehr verwendet, da er sehr leicht entzündlich ist. Früher kam es dadurch zu schweren Unglücken. Helium brennt nicht, ist aber sehr teuer und verflüchtigt sich nach und nach durch die Ballonhülle. Heißluftzeppeline nutzen, dass sich Luft beim Erhitzen ausdehnt und dadurch eine geringere Dichte hat als die kalte Luft außen herum. Der Dichteunterschied ist hier aber gering, sodass der Auftrieb und damit die Tragkraft viel kleiner ist.

Manche Werbezeppeline besitzen in der Hülle ein Traggerüst für die Passagiergondel und die Motoren. Es besteht aus leichten und gleichzeitig stabilen Legierungen des Leichtmetalls Aluminium. So kann der Zeppelin hoch über einer Stadt fahren und auf seiner riesigen Hülle allerorts für sich Werbung machen.

Dichte als Bewertungskriterium – In den folgenden Sachtexten spielt die Dichte als physikalisches Kriterium eine Rolle. Außerdem tauchen in den Texten noch andere physikalische und nicht-physikalische Kriterien auf, nach denen dort ein Material bewertet wird. Finde heraus, wie wichtig welches Kriterium ist.

Sachtext 1: Metallschaum – leicht und stabil

Kaum zu glauben – aus Metallen lässt sich Schaum schlagen. Nun, es ist nicht ganz so einfach. Aber tatsächlich gelingt es mit verschiedenen Verfahren z.B. Aluminium so aufzuschäumen, dass seine Dichte statt 2,7 $\frac{g}{cm^3}$ sogar unter 0,5 $\frac{g}{cm^3}$ beträgt.

Aber warum macht man das? Man ahmt hier die Natur nach. Holz und Knochen besitzen in ihrem Inneren unzählige Poren. Das sorgt z.B. dafür, dass sie hervorragend Energie in Form von Schwingungen, Stoß und Schall absorbieren können und zugleich extrem stabil sind.

Zum Einsatz kommen Metallschäume unter anderem in Form von Sandwiches, bei denen sich der Metallschaum z.B. zwischen zwei Stahlplatten befindet. Damit lassen sich sehr leichte und trotzdem schwingungsarme Bauteile für Maschinen herstellen. Dies sorgt dafür, dass der Energieaufwand für deren Betrieb geringer wird.

Mit anderen Methoden kann man die dünnen Aluminiumbälkchen, die den Schaum bilden, auf elektrochemische Weise mit verschiedenen Metallen beschichten. Je nach Beschichtung kann das Material dann ganz unterschiedliche Anforderungen erfüllen: Eine Silberbeschichtung wirkt antibakteriell, eine Kupferbeschichtung bringt eine gute Wärmeleitung, mit einer Goldbeschichtung lassen sich attraktive Schmuckstücke designen. Schlussendlich lässt sich das Material auch noch vergleichsweise problemlos recyclen.

Sachtext 2: Rollstühle mit Carbonfasern

Wer schon einmal einen Berg hinauf geradelt ist, weiß, wie schwer das manchmal sein kann. Da ist man froh, wenn das Rad selbst nicht so viel wiegt.

Das Gleiche gilt auch für Rollstuhlfahrer. Auch hier erweist es sich als günstig, wenn der Rollstuhl nicht viel Eigengewicht mitbringt.

Rollstühle, die ohne Motor nur mit den Armen angetrieben werden, gibt es in verschiedenen Ausführungen:

- *Standardrollstühle haben einen Rahmen aus Stahl und wiegen 20 kg und mehr. Sie werden meist eingesetzt, wenn eine gehbehinderte oder gehunfähige Person nicht selbst den Rollstuhl antreibt, sondern er von einer anderen Person geschoben wird.*
- *Leichtgewichtrollstühle haben einen Rahmen aus Aluminium. Wegen dessen geringerer Dichte sind solche Rollstühle mit 14 kg schon deutlich leichter. Sie kommen häufig zum Einsatz, wenn jemand sich im Innenbereich (z.B. zuhause) selbst fortbewegt.*
- *Am leichtesten sind Aktivrollstühle, die in allen Bereichen eingesetzt werden, z.B. auch beim Sport.*

Oft sind sie faltbar, damit sie im Auto leicht verstaut werden können. Besonders leicht sind Modelle, die Carbonfasern für den Rahmen verwenden. Dieses hochfeste Material wiegt etwa zwei Drittel einer vergleichbaren Menge Aluminium. Es ist korrosionsfrei und recht leicht zu bearbeiten. Rollstühle mit einem Rahmen aus Carbonfasern wiegen nur etwa 4,5 kg. Allerdings ist das Material recht teuer – ein Rollstuhl mit Carbonfaser kostet fast doppelt so viel wie einer mit Stahlrahmen.

Sachtext 3: Kunststoffabfälle trennen

In Deutschland und Österreich spielt die Mülltrennung bei Umweltschutz und nachhaltigem Umgang mit Rohstoffen eine wichtige Rolle. Dinge, die man wiederverwerten kann („Recycling"), sind dabei besonders wertvoll; dazu zählen neben Papier, Karton, Glas, Metallen, Batterien und Elektronikteilen auch Verpackungen aus Kunststoffen, wie man sie derzeit in großen Mengen verwendet. Diese Verpackungen werden daher im „gelben Sack" bzw. der „gelben Tonne" unsortiert gesammelt – zusammen mit Getränkekartons und Metalldosen.

Kunststoffart	Dichte in $\frac{g}{cm^3}$
Polyethylen (PE, HDPE, LDPE)	0,93–0,97
Polystyrol, fest (PS)	1,05
Polystyrol geschäumt	0,02–0,09
Polypropylen (PP)	0,9
Polyethylenterephtalat (PET)	1,38
Polyvinylchlorid (PVC)	1,2

Beim Recycling spielt die Sortenreinheit der Materialien eine zentrale Rolle: Der Inhalt des gelben Sacks muss dazu vorher nach chemisch ähnlichen Stoffen sortiert werden, Farbe und Form spielen dabei keine Rolle. Bei den riesigen Mengen – in Deutschland etwa 8000 Tonnen pro Tag – braucht man dazu effektive Verfahren, um die Stoffe voneinander zu trennen.
Metalle fischt man zum Teil mithilfe von Magneten heraus. Da Kunststoffe sich z. B. in Schmelztemperaturen und anderen Eigenschaften unterscheiden, können auch nur aus sortenreinen Kunststoffabfällen wieder brauchbare Gegenstände hergestellt werden.

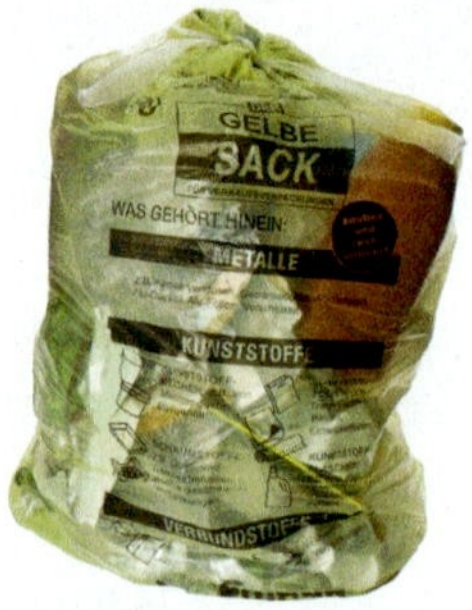

Viele Kunststoffe unterscheiden sich in ihrer Dichte (siehe Tabelle). Das nutzt man bei zwei Trennverfahren. Bei beiden wählt man eine Trennflüssigkeit, deren Dichte zwischen den Werten zweier Kunststoffarten liegt. Die Verpackungen werden vorgereinigt, zerkleinert und mit der Trennflüssigkeit vermischt.

Beim Schwimm-Sink-Verfahren lässt man das ganze eine Zeitlang stehen. Der leichte Anteil reichert sich an der Oberfläche an, während der schwere Anteil zu Boden sinkt. Mit einer Zentrifuge lässt sich der Trennvorgang erheblich beschleunigen und effizienter gestalten. In der Zentrifuge drückt es den schwereren Anteil nach außen, während der leichtere Anteil nach innen wandert.

Sachtext 4: Alte Kabel wiederverwerten

Elektrokabel fallen häufig als Abfallprodukt an: Reste bei Neuinstallationen, Altkabel bei Renovierungen und der Verschrottung von Autos und Elektrogeräten. Sie enthalten das technisch wertvolle Metall Kupfer. So lohnt es sich, das Kupfer aus den Kabeln herauszuholen. Doch wie bekommt man es effektiv aus den Kunststoffisolierungen heraus?

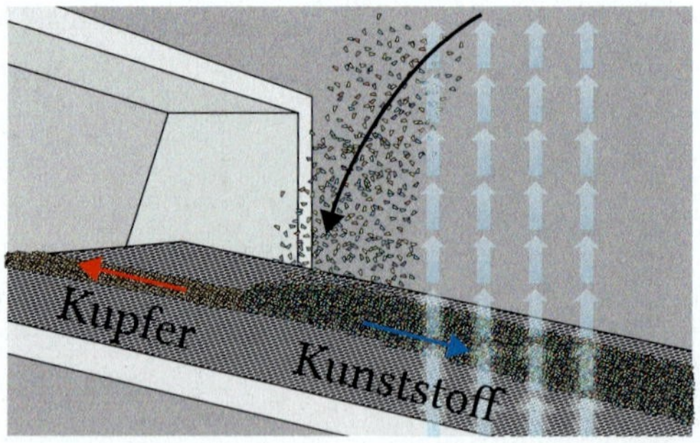

Natürlich ließe sich das in Handarbeit bewerkstelligen. Aber das wäre langsam und entweder recht teuer oder die Arbeiter/-innen würden schlecht bezahlt. Da hilft es, dass die Dichten deutlich unterschiedlich sind: Bei Kupfer beträgt sie 8,9 $\frac{kg}{dm^3}$, bei der Kunststoffisolierung (meist PVC) liegt sie im Bereich von etwa 0,9–1,2 $\frac{kg}{dm^3}$.

Die Kabelreste werden zuerst in kleine Teile geschreddert und fallen dann auf einen Trenntisch. Dieser enthält ein leicht schräg gestelltes Sieb (siehe Bild), das durch einen Exzenter ständig gerüttelt wird. Gleichzeitig bläst von unten ein Luftstrom gegen die Teilchen und wirbelt sie immer wieder hoch. Luftstrom und Rüttelbewegung zusammen bewirken, dass leichtere Teilchen nach unten, schwerere nach oben wandern. Am Ende fallen sie jeweils in Behälter. Zwischen 88 und 98 Prozent des Kupfers werden so herausgelöst.

Löse selbst

1 Suche jeweils einen Feststoff, eine Flüssigkeit bzw. ein Gas bei „Normaldruck“ mit besonders großer bzw. besonders kleiner Dichte.

2 Suche im Internet nach den Dichtewerten für folgende Materialien. Ordne sie der Größe nach:

a) Speiseöl	b) Milch
c) Bienenwachs	d) Butter
e) Kopierpapier ($80\,\frac{g}{m^2}$)	f) Buchenholz
h) Balsaholz	i) Beton
j) Fensterglas	k) Luft (bei Normaldruck)

3 Bestimme mithilfe der Dichte, aus welchem Metall die Gegenstände sind. Beachte die gültigen Ziffern.

a) $V = 50\ cm^3$; $m = 440\ g$	b) $V = 80\ cm^3$; $m = 0{,}22\ kg$
c) $V = 125\ cm^3$; $m = 1{,}3\ kg$	d) $V = 6{,}4\ dm^3$; $m = 50\ kg$
e) $V = 0{,}93\ dm^3$; $m = 20\ kg$	f) $V = 17{,}7\ dm^3$; $m = 0{,}2\ t$

4 Berechne jeweils die Masse m bzw. das Volumen V:

a) $V = 0{,}500\ dm^3$;	$\varrho = 2{,}6\ \frac{g}{cm^3}$
b) $V = 25\ cm^3$;	$\varrho = 780\ \frac{kg}{dm^3}$
c) $\varrho = 1{,}25\ \frac{g}{cm^3}$;	$m = 450\ g$
d) $\varrho = 0{,}0020\ \frac{t}{m^3}$;	$m = 85{,}2\ kg$

5 Im Märchen holt der Froschkönig die goldene Kugel der Prinzessin aus dem Brunnen. Eine Kugel mit 10 cm Durchmesser hat ein Volumen von etwa 500 cm^3.

a) Bestimme die Masse einer massiven Goldkugel.
b) Beschreibe, welche Schlüsse du daraus ziehen könntest.

6 Die Sattelzüge haben leer eine Masse von 16,0 t, das zulässige Gesamtgewicht beträgt 40,0 t.

a) Das Volumen der Kippmulde ist 24 m^3. Überprüfe, ob sie vollständig mit Straßenkies ($\varrho = 1{,}7\ \frac{t}{m^3}$) gefüllt werden darf.
b) Ein Auflieger mit 90 m^3 Volumen wird mit Dämmmaterial ($\varrho = 80\ \frac{g}{dm^3}$) voll beladen. Berechne, wie viel Prozent der maximalen Zuladung ausgenutzt werden.
c) Der Auflieger ist 13,5 m lang, 2,4 m breit und 10 cm hoch mit Baustahl beladen. Berechne die Masse.

7 **Heimexperiment:** Fülle eine Schüssel mit Wasser und lege eine ungeschälte Orange hinein. Schäle anschließend die Orange und lege sie dann wieder ins Wasser.
a) Beschreibe das Versuchsergebnis mit geeigneten Skizzen oder Fotos.
b) Begründe, was sich daraus für die Dichte der ungeschälten und der geschälten Orange ergibt.
c) Untersuche andere Früchte auf ähnliche Weise.

8 **Heimexperiment:** Besorge dir jeweils eine Packung Rosinen, Haselnüsse, Mandeln, Kokosraspeln usw.

a) Bestimme mit einem der Verfahren aus dem Schülerversuch von Seite 27 jeweils das Volumen der geschlossenen Packung und ermittle damit die Dichte der jeweiligen Lebensmittel. Ein Überlaufgefäß kannst du z. B. aus einem Joghurtbecher und einem Trinkhalm selbst basteln.
b) Begründe, dass deine Ergebnisse nur näherungsweise richtig sind.

9 Informationen aus Sachtexten: Auf der vorigen Seite findest du zwei Sachtexte. Wähle einen der Texte aus und bearbeite folgende Aufgaben:
a) An manchen Stellen geht der Text nicht genau mit physikalischen Begriffen um. Finde diese Stellen und formuliere sie mit den korrekten Begriffen um.
b) Fasse den Inhalt des Textes kurz zusammen.
c) Beschreibe die Rolle der Dichte bei der Materialtrennung.

10 In dem Glas befindet sich unten eine Schicht Sirup, in der Mitte Wasser und oben eine Schicht Speiseöl. Außerdem siehst du eine Litschi-Frucht, einen Bauklotz aus Kunststoff und einen Korken.

a) Erkläre mit dem Begriff „Dichte“ physikalisch, wie das Phänomen zustande kommt.
b) Mach den Versuch nach.

11 Mit einem „Aräometer“ kann man die Dichte von Flüssigkeiten direkt messen. Recherchiere, wie ein Aräometer aufgebaut ist und erstelle ein Poster oder eine Präsentation dazu. Baue selbst ein Aräometer.

Zusammenfassung

Kompetenzen

1. Versuche durchführen und dokumentieren

- Versuche werden durchgeführt, um eine Frage- oder Aufgabenstellung zu bearbeiten oder eine Vermutung zu überprüfen.
- Das benötigte Material für die Durchführung notieren wir uns in einer Materialliste. Der Aufbau wird in einer Versuchszeichnung festgehalten.
- Anschließend wird der Versuch vorbereitet und durchgeführt. Was wir dabei tun, wird notiert.
- Die beobachteten Versuchsergebnisse werden in übersichtlicher Form (z. B. als Tabelle) aufgeschrieben. In der Auswertung wird die Frage des Versuchs beantwortet oder das Ergebnis hinsichtlich der Vermutung bewertet.

2. Mit Modellen arbeiten

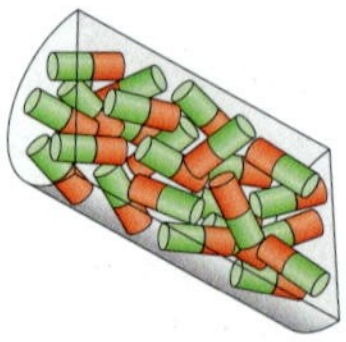

Modelle sind Vorstellungshilfen, um Vorgänge in der Natur zu erklären oder Vorhersagen dazu zu machen. Modelle stellen nie ein genaues Abbild der Wirklichkeit dar. Sie können daher nicht alles erklären bzw. ihre Vorhersagen können falsch sein – Modelle haben also Grenzen.

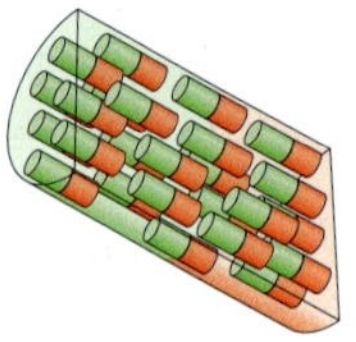

3. Mit physikalischen Größen richtig arbeiten

Jede physikalische Größe hat einen Namen und ein Formelzeichen, mit dem man die Größe in mathematischen Termen abkürzt. Außerdem gehört zu jeder physikalischen Größe eine Einheit, für die es ebenfalls eine Abkürzung gibt.

Beispiel: Name: „Masse"; Formelzeichen: „m"
Einheit der Masse: „1 Kilogramm"; Abkürzung: „1 kg"

4. Messgenauigkeit und gültige Ziffern

- Bei jeder physikalischen Messung gibt es eine Messgenauigkeit. Diese wird mit der Angabe der gültigen Ziffern berücksichtigt. Als gültige Ziffern zählen alle Ziffern einer Zahlenangabe ohne Anfangsnullen. Endnullen hingegen werden mitgezählt.
  Beispiel: 0,0450 km hat drei gültige Ziffern
  zählen nicht ⬆ ⬆ zählt
- Das Endergebnis einer Rechnung hat so viele gültige Ziffern, wie der Messwert mit der kleinsten Anzahl an gültigen Ziffern zu Beginn hatte.

Inhalte

5. Magnete und ihre Eigenschaften

- Jeder Magnet besitzt zwei Stellen, an denen die magnetische Wirkung am stärksten ist. Diese Stellen nennt man die Pole des Magneten.
- Die beiden Pole sind unterschiedlich. Man nennt sie magnetischer Nordpol und magnetischer Südpol.
- Ungleichnamige Pole ziehen sich gegenseitig an, gleichnamige Pole stoßen sich gegenseitig ab.
- Bricht man einen Magneten auseinander, so erhält man zwei Magneten, die jeweils ein Paar aus Nordpol und Südpol besitzen.

6. Ferromagnetische Materialien

Materialien, die von einem Magneten stark angezogen werden, nennt man ferromagnetisch. Sie enthalten fast alle Eisen, Nickel oder Kobalt.

7. Modell der Elementarmagnete

Man stellt sich vor, dass ferromagnetische Materialien aus kleinen Elementarmagneten bestehen, die zunächst durcheinander liegen. Durch einen Magneten können diese Elementarmagnete ausgerichtet werden, sodass sich in dem Material Magnetpole ausbilden.

8. Die Erde ist ein Magnet

- Eine Kompassnadel (Magnetnadel) richtet sich mit ihrem magnetischen Nordpol derzeit zum geografischen Nordpol aus. Der magnetische Südpol der Kompassnadel zeigt daher geografisch nach Süden.
- Am geografischen Nordpol der Erde befindet sich derzeit ein magnetischer Südpol und umgekehrt.

9. Die Dichte ist eine Kenngröße für Materialien

- Als Dichte ϱ eines Materials bezeichnet man den Quotienten aus der Masse m und dem Volumen V eines Stücks von diesem Material:
  $\varrho = \frac{m}{V}$.
- Die Dichte hilft dabei, Materialien zu unterscheiden.

10. Untergehen und Schwimmen

Ein Material geht in einer Flüssigkeit unter, wenn seine Dichte größer ist als die Dichte der Flüssigkeit. Ist die Dichte des Materials kleiner, schwimmt es.

Experimente durchführen und protokollieren

1 Du benötigst für diesen Versuch ein niedriges Glas mit Schraubdeckel und ein Waschbecken.

a) Fülle das Waschbecken mit Wasser. Setze das leere, verschlossene Glas in das Wasser.

b) Fülle etwas Wasser in das Glas, verschließe es wieder und setze es ins Wasser. Wiederhole den Versuch mit immer mehr Wasser im Glas. Fertige ein Versuchsprotokoll an.

Magnetismus

2 In dem Bild sind jeweils zwei Magnete dargestellt und wie sie aufeinander einwirken. Gib jeweils an, welche Pole an den mit „?" gekennzeichneten Stellen vorhanden sind.

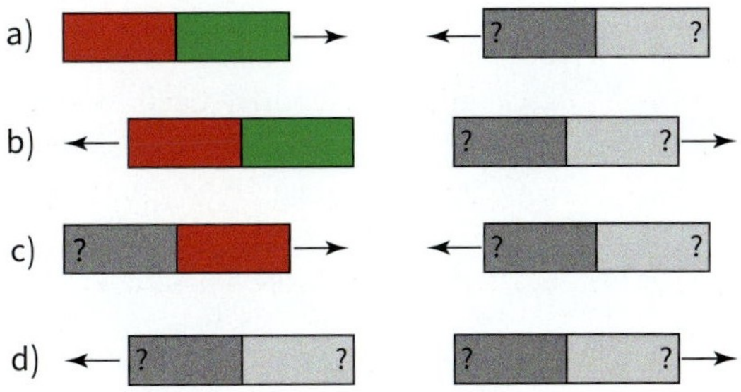

3 Du hast zwei völlig identisch aussehende Metallstücke, die sich gegenseitig anziehen, aber nie abstoßen.

a) Begründe, dass nur eines der Metallstücke ein Magnet sein kann.

b) Beschreibe, wie du herausfinden kannst, welches von den beiden Metallstücken der Magnet ist.

4 An dem Magneten im Bild hängen Eisennägel aneinander.

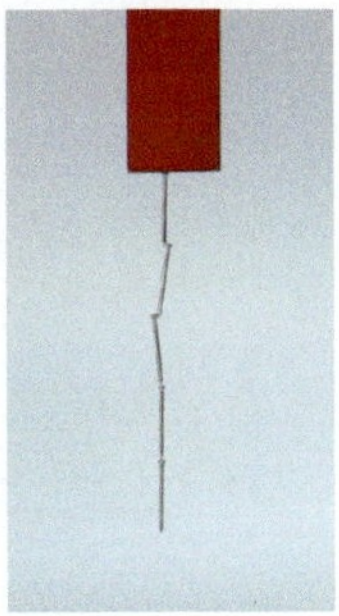

a) Begründe, dass man daraus schließen kann, dass jeder Nagel selbst zu einem Magneten geworden ist. Fertige dazu auch eine passende Zeichnung an.

b) Erkläre mithilfe des Modells der Elementarmagnete, wie sich bei einem Eisennagel magnetische Pole bilden können.

c) Erläutere, ob du das gleiche Versuchsergebnis erhältst, wenn du Nägel aus Kupfer verwendest.

5 Ein Stabmagnet wird frei drehbar aufgehängt (Bild).

a) Begründe, dass er sich immer in die gleiche Richtung ausrichtet, wenn keine anderen Magnete oder ferromagnetischen Materialien in der Nähe sind.

b) Beschreibe, wie du dich damit auf der Erde orientieren kannst. Was musst du in der Nähe der Pole beachten?

Dichte

6 Beschreibe, wie man das Volumen eines unregelmäßigen Gegenstands bestimmen kann …

a) mithilfe eines Messzylinders;

b) mithilfe eines Überlaufgefäßes und einer Waage.

7 Du hast zwei Gegenstände A und B aus dem gleichen Material. Begründe anhand von Zahlenbeispielen, ob folgende Aussagen richtig oder falsch sind:

a) Wenn das Volumen von Gegenstand A doppelt so groß ist wie das Volumen von Gegenstand B, dann ist auch seine Masse doppelt so groß.

b) Wenn die Masse von Gegenstand A doppelt so groß ist wie die von B, dann ist das Volumen von Gegenstand B halb so groß wie das Volumen von A.

8 Im Bild zu Punkt 9 der **Zusammenfassung** auf der vorigen Seite befindet sich unten im Glas Honig, darüber Wasser und als oberste Schicht Öl. Der unterste Gegenstand in dem Glas ist eine Weintraube, darüber ein Baustein und obenauf schwimmt ein Korken. Ordne die Flüssigkeiten und Gegenstände aufsteigend nach der Dichte und begründe deine Entscheidung.

9 Berechne jeweils die Dichte und gib mithilfe der Tabelle im Anhang an, um welches Material es sich handeln könnte. Beachte dabei die gültigen Ziffern.

a) $m = 240\ \text{g};\ V = 200\ \text{cm}^3$ b) $m = 2{,}1\ \text{kg};\ V = 200\ \text{cm}^3$

c) $m = 54\ \text{kg};\ V = 20\ \text{dm}^3$ d) $m = 1{,}63\ \text{t};\ V = 2{,}0\ \text{m}^3$

10 Berechne die Masse bzw. das Volumen:

a) $\varrho = 3{,}2\ \frac{\text{g}}{\text{cm}^3};\ V = 200\ \text{cm}^3$ b) $m = 240\ \text{g};\ \varrho = 1{,}2\ \frac{\text{g}}{\text{cm}^3}$

c) $\varrho = 3{,}8\ \frac{\text{kg}}{\text{dm}^3};\ V = 2{,}0\ \text{dm}^3$ d) $m = 2{,}8\ \text{kg};\ \varrho = 5{,}6\ \frac{\text{g}}{\text{cm}^3}$

e) $\varrho = 3{,}3\ \frac{\text{t}}{\text{m}^3};\ V = 12\ \text{m}^3$ f) $m = 14\ \text{t};\ \varrho = 3{,}5\ \frac{\text{kg}}{\text{dm}^3}$

Optische Phänomene

Licht faszinierte schon immer die Menschheit. Konnte man früher nur mit einem Feuer Licht erzeugen, so gibt es heutzutage zahlreiche Lichtquellen. Sie reichen von Kerzenflammen und Glühlampen über Leuchtstoffröhren und LEDs bis hin zum Laser.

Die Lehre vom Licht nennen wir in der Physik Optik. Wir beschäftigen uns damit, warum wir Licht zum Sehen brauchen. Warum erscheinen in dunklen Räumen die Farben anders als in hellen? Warum haben wir neben Licht auch immer Schatten? Wie entstehen die Mondphasen?

2

Das erwartet dich in diesem Kapitel:

- Du erkundest experimentell Phänomene zu Farben und Schatten und dokumentierst deine Beobachtungen. Dabei verwendest du auch eigene digitale Fotos.
- Du formulierst Vermutungen und Erklärungsansätze zu deinen Beobachtungen.
- Du erklärst den Sehvorgang und die Entstehung verschiedener Schattenbereiche. Dabei benutzt du ein einfaches Modell zur Lichtausbreitung.
- Du lernst die physikalischen Gründe von Sicherheitsempfehlungen für den Straßenverkehr und für den Umgang mit intensiven Lichtquellen kennen.
- Du kannst die Mondphasen und die Entstehung von Finsternissen erklären.
- Du erstellst anschauliche Zusammenfassungen von Sachtexten. Passend dazu fertigst du sorgfältige Zeichnungen an.

2.1 Licht und Sehen

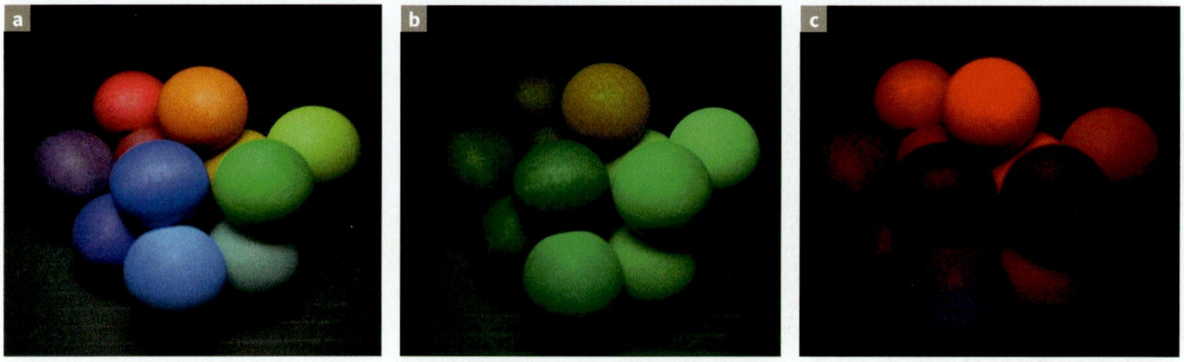

B1 *Die farbigen Bälle werden verschieden beleuchtet: a) mit weißem Licht; b) mit grünem Licht; c) mit rotem Licht.*

V1 Schülerversuch: Licht und Farbe

Material: Ein Smartphone mit einer App, die den Bildschirm in beliebiger Farbe leuchten lässt (Suchbegriffe z. B.: Colour Light, Screen Light), alternativ: LEDs, die in verschiedenen Farben leuchten können, Gegenstände in rot, grün und weiß (z. B. farbige Papierstreifen), dunkles Zimmer oder ein innen schwarz gefärbter großer Karton, Digitalkamera zur Dokumentation

Vorbereitung: Schneide in den Karton eine Öffnung zum Beleuchten und eine zum Beobachten (siehe Foto). Dunkle das Zimmer stark ab. Erzeuge mit Smartphone oder LEDs farbiges Licht. Schalte die Blitzlichtfunktion deiner Kamera aus.

Durchführung: Beleuchte nun mit dem Smartphone oder der Lampe die Gegenstände. Beginne mit weißem Licht. Nutze anschließend rotes und grünes Licht. Halte zu jeder Beleuchtungsfarbe deine Beobachtungen schriftlich fest und dokumentiere sie zusätzlich mit der Kamera.

Achtung!

Schütze bei allen Versuchen deine Augen vor zu viel Licht – blicke nie direkt in helle Lichtquellen (Sonne, sehr helle LED, Laserpointer, usw.). Verwende wenn nötig eine Schutzbrille.

Mit Licht überraschende Effekte erzielen – So wie hier im Bild **B1**: Ein Kinderspielzeug aus farbigen Bällen wird mit weißem, grünem und rotem Licht beleuchtet. In Versuch **V1** kannst du Ähnliches selbst ausprobieren.

Paolo und Fanny haben farbige Papiere benutzt und ihre Beobachtungen beim Versuch **V1** mit mehreren Digitalfotos (Bild **B2**) festgehalten. Zudem haben sie eine übersichtliche Tabelle angelegt, in der die Lichtfarbe, der Gegenstand und die von ihnen mit Auge und Kamera beobachtete Farbe eingetragen sind:

Lichtfarbe / Gegenstand	weiß	rot	grün
weißes Papier	weiß	rot	grün
rotes Papier	rot	rot	schwarz
grünes Papier	grün	schwarz	grün

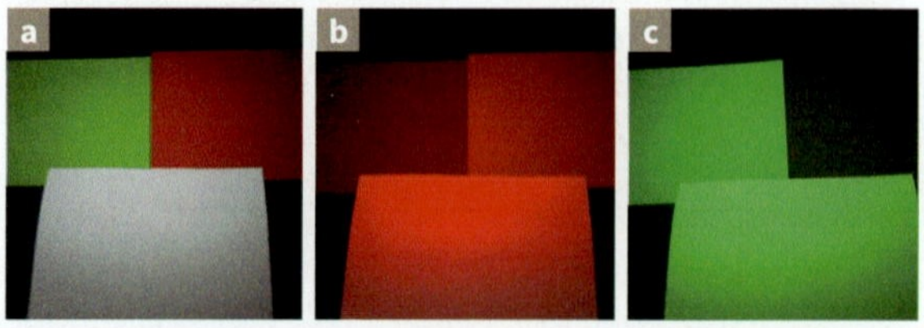

B2 *Beispielfotos zu Versuch **V1**: a) mit weißem Licht; b) mit rotem Licht; c) mit grünem Licht*

B3 *Schwarzes Theater: Nur was selbst leuchtet oder Licht in unser Auge umlenkt, wird sichtbar.*

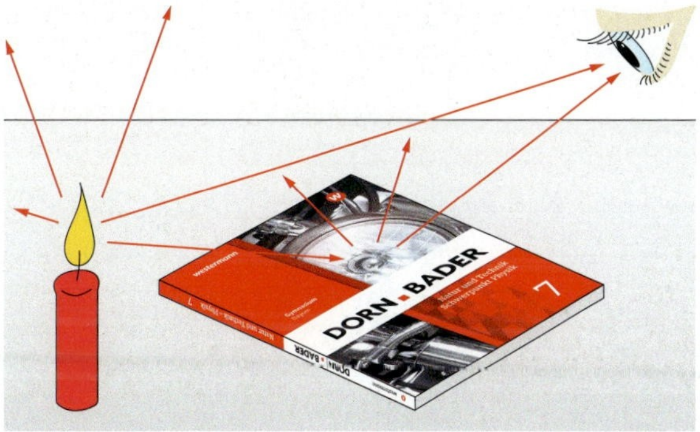

B4 *Von der Flamme trifft Licht direkt ins Auge. Das Buch lenkt Teile des Kerzenlichts ins Auge.*

Licht wirft Fragen auf. Dass Gegenstände bei roter und grüner Beleuchtung schwarz erscheinen können, überrascht Paolo und Fanny. Sie diskutieren:

Fanny: Bei Beleuchtung mit weißem Licht erscheinen alle Gegenstände in der Box in der erwarteten Farbe – so wie wir sie aus dem Alltag kennen.
Paolo: Ja. Aber als wir rotes oder grünes Licht benutzt haben, hat das einen ganz anderen Eindruck ergeben. Das rote Papier im grünen Licht erscheint zum Beispiel sehr dunkel, fast schwarz.
Fanny: Das hätte ich auch nicht erwartet. Was wir mit dem Auge zu sehen bekommen, hängt also ganz davon ab, mit welcher Lichtfarbe es beleuchtet wird.
Paolo: Genau. Licht sorgt dafür, dass wir etwas sehen. Und die Farbe des Lichts sorgt dafür, wie – also in welcher Farbe – wir es sehen.
Fanny: Ok. Aber der angeleuchtete Gegenstand muss auch eine Rolle spielen. Ein roter Gegenstand erscheint ja z. B. niemals grün – und umgekehrt.
Paolo: Dann habe ich jetzt aber zwei wichtige Fragen. Erstens: Wie funktioniert „Sehen“ überhaupt? Zweitens: Wie schaffen es weißes Licht und Tageslicht, dass wir Dinge in den gewohnten Farben sehen?

Sehen benötigt Licht. Versuch **V2** liefert die Antwort zur ersten Frage: Die Taschenlampe als **Lichtquelle** wird sichtbar, weil ihr Licht direkt ins Auge gelangt. Andere Gegenstände hingegen müssen **beleuchtet** werden und zudem Licht ins Auge als **Lichtempfänger** lenken. Ist das nicht der Fall, so erscheinen sie schwarz. Ohne Licht zu empfangen, kann unser Auge oder eine Kamera keinen Gegenstand wahrnehmen. Bild **B4** stellt das mit einem einfachen, vorläufigen Modell dar: Die Pfeile symbolisieren den jeweiligen Weg des Lichts.

! Merksatz

Unser Auge ist ein Lichtempfänger. Der Vorgang des Sehens funktioniert nur, wenn Licht, das von einer Lichtquelle ausgeht oder von einem Gegenstand umgelenkt wird, in unser Auge fällt.

V2 Schülerversuch: Macht Licht alles sichtbar?

Material: eine Taschenlampe, schwarzer Karton, kleine Figur oder Gegenstand, Klebestreifen, eine Papprolle

Vorbereitung: Falte den Fotokarton zu einem „Zelt“ und stelle die Figur darin auf. Setze die Papprolle vorne auf die Taschenlampe und dunkle den Raum möglichst stark ab.

Durchführung: a) Lege die Taschenlampe neben das Zelt, sodass sie dir entgegen leuchtet. Versuche aus einiger Entfernung die Figur im Zelt zu erkennen.
b) Wiederhole den Versuch. Dieses Mal leuchtet die Taschenlampe in das Zelt hinein.
c) Beleuchte die Figur. Blicke seitlich auf das Zelt.

B1 *Licht wird an einem Schirm gestreut.*

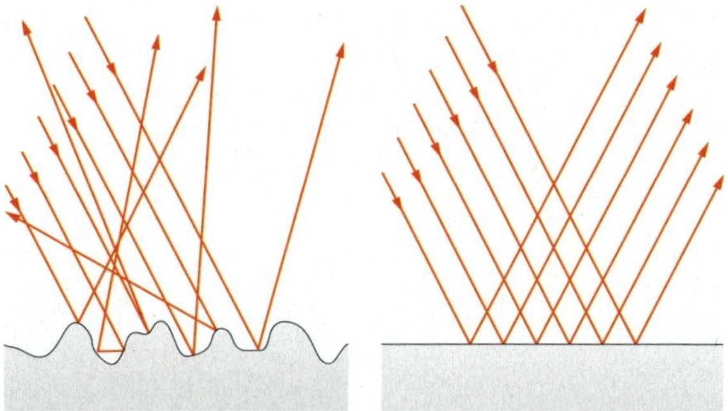

B2 *Rauhe Flächen streuen Licht, glatte Flächen reflektieren.*

Gegenstände streuen und reflektieren Licht. Im Gegensatz zu Lichtquellen erzeugen **beleuchtete Gegenstände** kein Licht. Dennoch beeinflussen sie den Weg, den das Licht bis zum Lichtempfänger (dein Auge oder eine Kamera) nimmt. Sie wirken dann selbst als **Lichtsender** – andernfalls blieben sie unsichtbar.

Das Licht der Lampe in Bild **B1** trifft auf den Schirm. Von dort gelangt es in verschiedene andere Richtungen des Raums – unter anderem auch in dein Auge, denn du kannst den Schirm sehen. Also verteilt der Schirm das Licht der Lampe in viele Richtungen. Man nennt das **Lichtstreuung**, kurz **Streuung**. Dies findet z. B. in Fotostudios Anwendung, um eine gleichmäßige Ausleuchtung im Raum zu erzielen.

Erst durch diesen Vorgang der Lichtstreuung in alle Richtungen wird der Teil unserer Umgebung, der nicht selbst leuchtet, für uns sichtbar. Im Versuch **V2** von der vorigen Seite siehst du die Figur daher erst, wenn das Licht der Lampe auf sie trifft, und dann ein Teil in dein Auge gestreut wird.

Der Modellversuch **V1** zeigt, wie Gegenstände es schaffen, das Licht in verschiedene Richtungen zu **streuen**. Die zerknitterte Alufolie links lenkt das Licht in viele Richtungen und hellt eine große Fläche der Wand nur wenig auf. Je kleiner die Falten sind, umso gleichmäßiger wird die Wand beleuchtet. Ähnlich sind sehr viele andere Oberflächen nicht völlig glatt, sondern zeigen unter dem Mikroskop viele Unebenheiten, sodass das Licht in viele Richtungen umgelenkt wird. In Bild **B2** wird das wieder mit Pfeilen (Lichtstrahlen) als einfaches Modell veranschaulicht.
Die glatte Folie in Versuch **V1** lenkt hingegen das Licht nur in eine Richtung, sodass nur auf einer kleinen Fläche der Wand ein heller Lichtfleck erkennbar wird. Man sagt: An der glatten Folie wird Licht **reflektiert**.

! Merksatz

Beleuchtete Gegenstände streuen das Licht in viele Raumrichtungen oder reflektieren es in eine Richtung. Trifft das Licht dann in unser Auge, werden die Gegenstände für uns sichtbar.

V1 Schülerversuch: Streuung und Reflexion

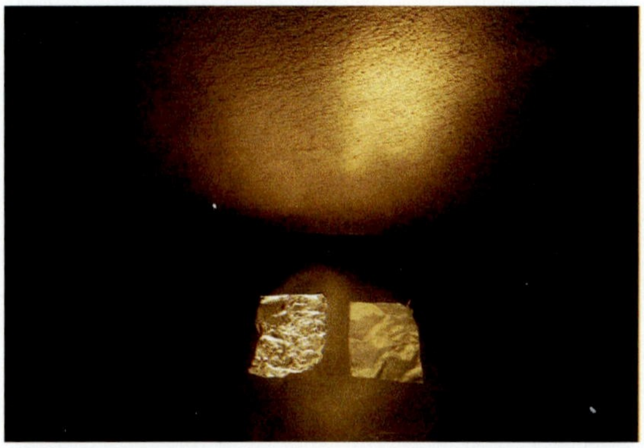

Material: Taschenlampe, mehrere Stücke glatte Alufolie, dunkler Raum

Vorbereitung: Lege ein glattes Stück Alufolie beiseite. Zerknittere die anderen Folienstücke verschieden stark.

Durchführung: Lege das glatte und je ein zerknittertes Folienstück nebeneinander vor eine Wand. Beleuchte sie schräg mit der Lampe. Beobachte, wie sich die Wand aufhellt, und beschreibe die Unterschiede zwischen den einzelnen Folienstücken.

B3 *In der Natur macht Licht fast alles sichtbar.*

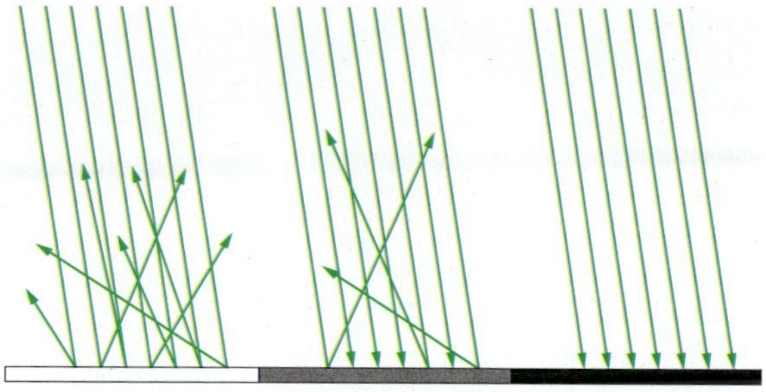

B4 *Licht, das nicht zurückgestreut wird, wird absorbiert.*

Licht wird absorbiert. Um die Antwort auf die zweite Frage von Fanny und Paolo zu finden, müssen wir noch weitere Versuche und Beobachtungen machen und diese interpretieren. Dazu sehen wir uns zuerst Bild **B3** an: Die Seerose leuchtet hell und farbig im Sonnenlicht. Die Wasseroberfläche links oben am Rand bleibt hingegen schwarz. Beides können wir mit dem Wissen über Lichtstreuung erklären:
Die Oberflächen von Blüte und Blättern streuen das Sonnenlicht – sie erscheinen hell und sind gut sichtbar. An der Wasseroberfläche hingegen wird das einfallende Licht nicht zur Kamera als Lichtempfänger gestreut. Dieses „Fehlen" von Licht wird von der Kamera oder unserem Auge als „schwarz" registriert.

In Versuch **V2** erscheint die weiße Papierfläche am hellsten, die graue deutlich dunkler; die schwarze ist kaum sichtbar, obwohl alle drei Papierstücke von der selben Lampe beleuchtet werden. Das bleibt auch so, wenn man sie mit farbigem Licht beleuchtet. Offenbar werfen sie unterschiedlich viel vom ankommenden Licht zurück und „verschlucken" Teile davon, sodass es nicht wieder in die Umgebung ausgesandt wird (Bild **B4**). Diesen Vorgang nennt man **Absorption**.

Gegenstände erscheinen umso dunkler, je mehr sie von dem ankommenden Licht **absorbieren**. Insbesondere erscheinen sie schwarz, wenn sie nahezu das gesamte ankommende Licht absorbieren.

! Merksatz

Wenn Licht auf Gegenstände trifft, wird ein Teil davon gestreut oder reflektiert; der andere Teil wird absorbiert. Je mehr Licht ein Gegenstand absorbiert, desto dunkler erscheint er.

Damit lässt sich schon ein Teil der Phänomene erklären, die in Bild **B1** auf Seite 38 zu sehen sind:

Die Kugel rechts, die im Tageslicht *grün* erscheint, *absorbiert rotes* Licht, denn sie erscheint bei Beleuchtung mit rotem Licht sehr dunkel oder sogar schwarz. Mit *grünem* Licht beleuchtet, erscheint sie hell – d. h. sie streut einen großen Teil des einfallenden Lichtes in die Umgebung.

Bei der roten Kugel im Hintergrund ist es genau umgekehrt: Sie absorbiert viel von dem grünen Licht und streut wenig davon in die Umgebung.

V2 Schülerversuch: Absorption

Material: Lampe, weißes Papier, graues Papier, schwarzes Papier, verschiedenfarbiges Licht (Smartphone, LEDs, Lampen mit Farbfolien), Digitalkamera oder Smartphone zur Dokumentation

Durchführung: Lege das weiße, das graue und das schwarze Papier nebeneinander auf den Tisch. Beleuchte die Papierstücke nacheinander mit verschiedenen Farben. Beschreibe die Helligkeitsunterschiede. Dokumentiere die Ergebnisse mit Fotos.

B1 *Weißes Licht erzeugt ein Farbenspiel bei einer CD.*

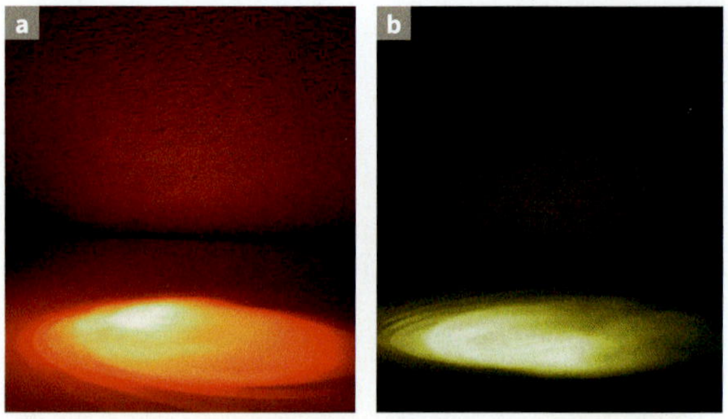

B2 *Weißes Licht trifft auf a) rotes Papier; b) grünes Papier.*

Weißes Licht ist vielfarbig. Um die zweite Frage von Fanny und Paolo vollständig zu klären, müssen wir uns nun um Tageslicht bzw. weißes Licht kümmern. Bild **B1** wurde beim Versuch **V1** aufgenommen. Es zeigt ein überraschendes Ergebnis: Wird eine CD mit weißem Licht einer Lampe beleuchtet, so wird Licht verschiedenster Farben von ihr zurückgeworfen. Wir schließen daraus, dass diese Farben schon im weißen Licht enthalten sind. Das gleiche Ergebnis findest du, wenn du die CD ins Tageslicht (Sonnenlicht) hältst.

! Merksatz

Weißes Licht und Sonnenlicht bestehen aus Lichtanteilen vieler Farben.

V1 Schülerversuch: Reflexion an einer CD

Material: Eine CD, eine helle Taschen- oder Schreibtischlampe, eine dunkle Unterlage, eine Digitalkamera

Vorbereitung: Säubere die Unterseite der CD. Lege die CD mit der Unterseite nach oben auf den Tisch, dunkle das Zimmer ab.

Durchführung: Beleuchte die Unterseite der CD von schräg oben und blicke gleichzeitig von der gegenüberliegenden Seite auf die CD.
Verändere die Position der Taschenlampe etwas. So kannst du verschiedenste Farbeffekte und Formen erzeugen. Dokumentiere besonders beeindruckende Farben mit der Kamera.

Weißes Licht macht Gegenstände farbig. Mit dem Versuch von Bild **B2** kannst du dir erklären, wie die Beleuchtung mit weißem Licht dazu führt, dass du Gegenstände in den gewohnten Farben wahrnimmst:

Das Papierstück in Bild **B2a** streut vor allem den roten Anteil des weißen Lichts – die andersfarbigen Anteile werden hingegen absorbiert. Auf die Wand im Hintergrund und in dein Auge trifft also aus der Richtung des Papiers nur rotes Licht. Du siehst es im Tageslicht rot. Das Papier in Bild **B2b** streut grünes Licht, der restliche Teil wird absorbiert. Im Tageslicht sieht es für dich grün aus.

Jedes Material hat so die Eigenschaft, verschiedene farbige Anteile des weißen Lichts mehr oder weniger stark zu streuen und die anderen zu absorbieren. Der gestreute Anteil des weißen Lichts ist dann dafür verantwortlich, in welcher Farbe wir einen Gegenstand wahrnehmen. Erscheint er weiß, so streut er alle Farbanteile des weißen Lichts (siehe Bild **B3**).

! Merksatz

Im weißen Licht sehen wir Gegenstände farbig, da sie einen Teil der farbigen Lichtanteile streuen. Weiße Gegenstände streuen alle Farbanteile, schwarze Gegenstände absorbieren diese.

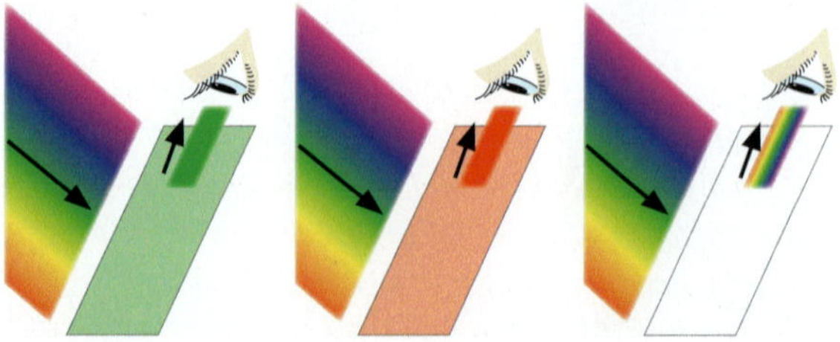

B3 *Das gestreute Licht lässt Gegenstände farbig erscheinen.*

Sachtext/Projekt: Sehen und gesehen werden im Straßenverkehr

Die korrekte Fahrradbeleuchtung

[...] Schwache Funzeln, durchrutschende Dynamos oder abgerissene Kabel – die Unzuverlässigkeit alter Beleuchtungsanlagen kennen viele Radfahrer nur zu gut. Die Tage werden kürzer und spätestens mit der Zeitumstellung [...] gilt: Wer auf dem Rad gut gesehen und als gleichberechtigter Verkehrsteilnehmer wahrgenommen werden möchte, muss für funktionsfähiges Licht am Fahrrad sorgen und dieses auch einschalten.

Gesetzlich vorgeschrieben sind ein Frontscheinwerfer mit weißem Reflektor, ein Rücklicht und ein roter Rückstrahler, umlaufende Reflexstreifen an Vorder- und Hinterreifen oder gelbe Reflektoren in den Speichen sowie je zwei gelbe Reflektoren an den Pedalen. Batteriebetriebene Lichtanlagen dürfen inzwischen an allen Fahrrädern verwendet werden. Alle Leuchtmittel am Rad benötigen das amtliche Prüfzeichen, bestehend aus einer Wellenlinie, dem Buchstaben „K" und einer Ziffernfolge. Generell nicht erlaubt sind blinkende Lampen am Rad; bei zugelassenen Akku- und Batterieleuchten gibt eine Anzeige Auskunft über den Batteriezustand.

Alltagsradlern rät der ADFC NRW zu moderner und nahezu wartungsfreier und sorgloser Lichttechnik mit Nabendynamo und LED-Leuchten. Der Generator in der Vorderradnabe ist im Gegensatz zum antiquierten Seitenläufer leise und leichtgängig und liefert auch bei Regen und Schnee zuverlässig Strom. Ein LED-Rücklicht mit Standlicht und jetzt sogar mit Bremslichtfunktion sowie ein ausfallsicherer LED-Frontscheinwerfer sorgen dafür, dass Radfahrer kaum zu übersehen sind. Gute LED-Frontleuchten sind um ein Vielfaches heller als Halogenbirnchen und leuchten die Fahrbahn fast taghell aus. Es ist sehr wichtig, dass solche Hochleistungsscheinwerfer akkurat eingestellt werden. Etwa zehn Meter vor dem Rad soll die hellste Stelle des Scheinwerfers die Fahrbahn erreichen. Ist die Lampe zu hoch eingestellt, werden entgegenkommende Radler, Fußgänger und sogar Kraftfahrzeuge gefährlich geblendet. [...]

(Quelle: ADFC Nordrhein-Westfalen)

Arbeitsaufträge:

a) Notiere übersichtlich die im Text angegebenen Bestimmungen zur Fahrradbeleuchtung. Gib für jede Bestimmung ein physikalisches Argument an.

b) Im Bild oben links gibt eine Person ein schlechtes Beispiel ab. Begründe mithilfe deines Wissens über Licht und Sehen, dass sie sich und andere in Gefahr bringt.

c) Fertige ein Plakat an, auf dem die verschiedenen korrekten Beleuchtungsmöglichkeiten an Fahrrädern übersichtlich dargestellt werden.

d) Nimm zusammen mit einem Mitschüler oder einer Mitschülerin ähnliche Bilder wie oben auf. Erstellt damit eine Präsentation, die den Unterschied zwischen günstiger und ungünstiger Kleidung darstellt.

e) Organisiert an eurer Schule einen Projekttag zum Thema „Sicher richtig beleuchtet".

Sachtext: Gefährliche Laserpointer

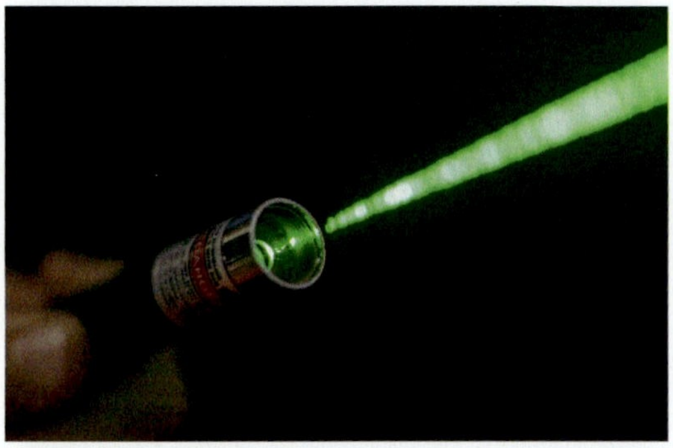

Aus einem Polizeibericht:

RETZSTADT, LKR MAIN-SPESSART. In den frühen Sonntagmorgenstunden staunte eine Streifenbesatzung der Karlstadter Polizei nicht schlecht, als sie gegen 01:15 Uhr während der Streifenfahrt am Ortsbeginn Retzstadt einen grellen, grünen Lichtstrahl bemerkte, der immer wieder scheinbar von einem unbebauten Grundstück aus auf die Hauptstraße geleitet wurde, obwohl dort noch reger Fahrzeugverkehr herrschte.
Als sich die Beamten daraufhin auf die Suche nach dem Verursacher der Lichtquelle begaben, fiel der Lichtstrahl plötzlich direkt auf den Streifenwagen, so dass die beiden Beamten durch das Licht stark geblendet und leicht verletzt wurden.
In der Folge konnte der 18-jährige Verursacher schnell ermittelt werden. Als Tatwerkzeug wurde ein leistungsstarker Laserpointer aufgefunden, den die Beamten im Rahmen der Tatbestandsaufnahme sicherstellten. Den Laserpointer hatte der 18-Jährige in Jedi-Manier von seinem Zimmerfenster aus in die nähere Umgebung gehalten und dabei auch vor Passanten und Fahrzeugen keinen Rückzieher gemacht. […]
Der junge Mann hätte auch die Folgen seiner Handlungen vorhersehen können, da deutliche Warnhinweise auf seinem Gerät angebracht sind. Die beiden Beamten hatten aufgrund der Laserattacke starke Druckschmerzen an den Augen. […]
Gegen den 18-Jährigen wurde ein Ermittlungsverfahren eingeleitet, unter anderem wegen gefährlicher Körperverletzung und gefährlichen Eingriffs in den Straßenverkehr.
(Quelle: Polizeipräsidium Unterfranken)

Projekt: Gefahr für die Augen

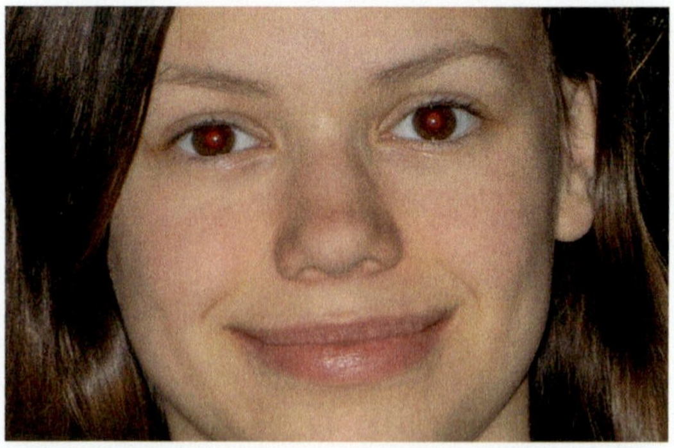

Nimmt man ein Portrait einer Person mit einem Blitzlicht auf, so passiert es häufig, dass auf dem Foto die Pupillen nicht wie gewohnt schwarz erscheinen, sondern wie hier rot. Bei Fotografen ist das als **„Rote-Augen-Effekt“** bekannt.

Die Arbeitsaufträge können als Idee für eine Gruppenarbeit oder ein Informatik-Projekt dienen:
a) Recherchiere den Aufbau des menschlichen Auges. Stelle ihn in einer beschrifteten Zeichnung dar.
b) Erkläre, wie der „Rote-Augen-Effekt“ durch die Beleuchtung des Gesichts mit dem sehr hellen weißen Licht des Blitzes zustande kommt.
c) Lies den **Sachtext: Gefährliche Laserpointer.** Begründe physikalisch, dass bei gleicher Intensität grünes Laserlicht gefährlicher für das menschliche Auge ist als rotes Laserlicht. Fertige dazu auch passende Skizzen an.
d) Informiere dich, welche Arten von Laser es gibt und welche jeder benutzen darf. Gib auch jeweils an, welche Sicherheitsmaßnahmen beachtet werden müssen. Fasse deine Ergebnisse übersichtlich in einem Plakat zusammen.
e) Es gibt heute viele intensive Lichtquellen, die das Auge schädigen können. Erstelle eine Liste davon und beschreibe, wo sie eingesetzt werden. Gehe auch auf Schutzmaßnahmen ein.
f) Die intensivste natürliche Lichtquelle ist die Sonne. Ihr Licht ist so hell, dass du niemals direkt in sie hineinblicken darfst. Doch selbst wenn ihr Licht gestreut wird, kann es noch so intensiv sein, dass es die Augen schädigt. Beschreibe, welche Schutzmaßnahmen du gegen zu intensives Sonnenlicht ergreifen kannst und worauf du dabei achten musst. Informiere dich auch im Internet.

Löse selbst

1 Erkläre, was an der Ausdrucksweise „einen Blick auf etwas werfen“ physikalisch nicht ganz korrekt ist. Nenne weitere Redewendungen zum Sehen.

2 Beschreibe in eigenen Worten, wie es zustande kommt, dass wir Gegenstände
a) überhaupt sehen;
b) bei Tageslicht in ihren gewohnten Farben sehen;
c) auch in anderen Farben wahrnehmen können.

3 Zu Hause findest du viele, oft kleine Lichtquellen.
a) Finde fünf verschiedene Lichtquellen. Beschreibe Eigenschaften wie Lichtfarbe, Helligkeit, Einsatzgebiet.
b) LED-Lampen im Haushalt werden oft als „warmweiß“ oder „kaltweiß“ gekennzeichnet. Vergleiche solche Lampen und beschreibe die Unterschiede.
c) Gib drei Beispiele für Lichtempfänger an, die nicht Augen sind. Beschreibe kurz, wozu sie dienen.

4 a) Begründe, warum bei Lasershows oft Nebelmaschinen eingesetzt werden.
b) Bei einer Fahrt durch dichten Nebel ist es nicht sinnvoll, das Fernlicht einzuschalten. Fertige eine Skizze an, mit deren Hilfe dies begründet werden kann.

5 Licht einer Taschenlampe trifft schräg auf verschiedene Objekte: Holz, glattes und raues weißes Papier, schwarzes Papier, Glasplatte, usw. Beschreibe für jede dieser Situationen eine passende Beobachtung. Erkläre sie kurz mithilfe von Fachbegriffen.

6 Das Foto zeigt die Sicht eines Autofahrers. Erkläre möglichst viele der darauf vorkommenden physikalischen Phänomene, die mit Licht und Sehen zu tun haben. Beschreibe mehrere Möglichkeiten, wie du im Straßenverkehr besonders gut sichtbar wirst.

7 In den Bildern hat sich die Beleuchtung verändert.

a) Beschreibe möglichst viele der Veränderungen.
b) Die Wand im Hintergrund des rechten Bildes erscheint gelb. Erkläre diesen Effekt.
c) Erkläre, dass die Papierblätter, die das Mädchen in der Hand hält, auf den beiden Bildern in unterschiedlichen Farben erscheinen.
d) Verfasse eine ausführliche Erklärung zum Versuch **V1** auf Seite 38.

8 a) Von außen erscheinen geschlossene Fenster von unbeleuchteten Räumen oft dunkel oder schwarz. Erkläre diese Beobachtung mithilfe einer Zeichnung.
b) **Heimexperiment:** Mache ein kleines Loch in einen lichtdichten Karton. Betrachte es dann aus einiger Entfernung. Beschreibe den Farbeindruck. Erkläre ihn.
c) Bei allen Menschen erscheint die Pupille schwarz. Begründe dieses Phänomen.
d) Blicken wir in den Himmel, erscheint er uns blau. Blickt man vom Mond aus in den Himmel, erscheint er schwarz. Erkläre, was man daraus schließen kann.

9 Was aussieht wie nachträglich am Computer eingefügt, ist eine Scheibe mit dem „schwärzesten Schwarz“ der Welt. Recherchiere, welche physikalische Besonderheit diese Farbe aufweist und verfasse einen kurzen Text dazu.

10 **Heimexperiment:** Beleuchte eine weiße Kugel halb mit grünem Licht und halb mit rotem Licht. Beschreibe und erkläre den Versuch. Erkläre die Veränderungen bei Wiederholung mit andersfarbigen Kugeln.

2.2 Licht und Schatten

B1 *Mit Licht und Schatten kann man Kunst gestalten.*

B2 *Schatten können jemanden groß oder klein erscheinen lassen.*

Achtung!

Achte bei allen Versuchen mit Kerzen o. Ä. auf Verbrennungs- und Brandgefahr! Flammen und Wachs sind heiß. Halte genügend Abstand zu brennbaren Stoffen. Stelle Wasser als Löschmittel bereit.

Schattenbilder groß und klein – In Bild **B1** siehst du ein Kunstwerk, bei dem der **Schatten** an der Wand zwei Personen darstellt, obwohl das zugehörige Objekt im Vordergrund ganz anders aussieht. Wie kann das sein?

In Versuch **V1** kannst du dich selbst als Schattenkünstler betätigen. Du nutzt dabei aus, dass deine Hände den Weg des Lichts von der Lichtquelle zur Wand blockieren. So entsteht zwischen Händen und Wand ein Bereich, in dem weniger Licht eintrifft als in der Umgebung – der **Schattenbereich** oder kurz **Schatten**.

V1 Schülerversuch: Schattenbilder

Material: abgedunkelter Raum, Lampen
Durchführung: a) Stelle die abgebildeten Figuren mit deinen Händen dar.
b) Weitere interessante Figuren findest du z. B. im Internet. Probiere sie mit einer Partnerin/einem Partner aus und dokumentiert sie mit einer Digitalkamera oder deinem Smartphone.

In Bild **B2** werden bei einem Theaterstück Schatteneffekte auf geschickte Weise genutzt. Der Größenunterschied der beiden Schauspieler erscheint riesig, obwohl sie in Wirklichkeit nahezu gleich groß sind. Mit Versuch **V2** kannst du diese Situation selbst nachstellen und untersuchen, wie es zu diesem Effekt kommt.
Du hast bestimmt schnell herausgefunden, dass die Abstände zwischen Teelicht, Figur und Schirm über die Größe des Schattens entscheiden: Je näher das Teelicht an der Figur steht, desto größer ist auch ihr Schattenbild. Je näher man den Schirm an die Figur heranschiebt, desto kleiner ist das Schattenbild.

V2 Schülerversuch: Schatten groß und klein

Material: Teelicht/Taschenlampe, zwei Figuren, optischer Schirm (Wand, gefaltetes Papier o. Ä.)
Vorbereitung: Falte das Blatt Papier, sodass du einen optischen Schirm erhältst, auf dem du die Schatten sehen kannst. Stelle davor ein Teelicht auf den Tisch. Achte darauf, dass es ruhig brennt.
Durchführung: Stelle beide Figuren mit kleinem Zwischenraum nebeneinander vor den Schirm.
a) Lass eine Figur fest stehen. Schiebe die andere Figur langsam in Richtung der Flamme.
b) Lass beide Figuren stehen. Bewege den Schirm. Beschreibe jeweils deine Beobachtungen.

! Merksatz

Trifft das Licht einer Lichtquelle auf einen undurchsichtigen Gegenstand, dann entsteht dahinter ein Schattenbereich und man kann ein Schattenbild des Gegenstands beobachten.
Die Abstände zwischen Lichtquelle, Gegenstand und Schirm bestimmen die Größe des Schattens.

Die Lichtausbreitung bestimmt die Schattenform.
In Bild **B1** zeigt der Schatten eine ganz andere Form als die einzelnen Gegenstände, die das Hindernis darstellen. Wie kommt es dazu? Im Versuch **V3** untersuchen wir dazu zunächst die Schattenbilder einfacher Körper.

Dir ist bestimmt aufgefallen, dass sich bei Versuch **V3a** die Schatten von Zylinder und Quader kaum unterscheiden – du siehst ein Rechteck. Auch eine Kugel erzeugt das gleiche Schattenbild wie eine Kreisscheibe mit dem gleichen Durchmesser, die parallel zum Schirm gehalten wird.

Ein Zylinder und ein Quader haben zwar unterschiedliche Körperformen, für die Form des Schattenbereichs bzw. des Schattenbildes ist offensichtlich aber etwas anderes entscheidend – nämlich die so genannte *Querschnittsfläche*. Deren Form ist bei unserem Zylinder und unserem Quader gleich. Mit Versuch **V4** finden wir heraus, warum dann auch die Schattenbilder der beiden Körper gleich sind.

Der **Schattenbereich** hinter dem Zylinder von Versuch **V4** ist scharf begrenzt. Die auf dem Blatt Papier gezeichnete **Schattengrenze** zwischen Licht- und Schattenbereich ist auf beiden Seiten *geradlinig*. Sie verrät uns damit auch etwas über die Ausbreitung des Lichts: Verlängern wir die beiden Randlinien weiter geradlinig in Richtung Lichtquelle, so kommt man genau zum Ort der Lichtquelle. Dort treffen sie sich (Bild **B3**).

Es liegt daher die Vorstellung nahe, dass Licht sich in Luft **geradlinig** von der Lichtquelle **ausbreitet**. Jeder Ort, zu dem man von der Lichtquelle eine Gerade ohne Unterbrechung zeichnen kann, ist demnach beleuchtet.

! Merksatz

Licht breitet sich in Luft von der Lichtquelle weg geradlinig aus.

V3 Schülerversuch: Schattengeometrie

Material: optischer Schirm, Teelicht, Zylinder, Quader, Kugel, Kreisscheibe
Durchführung: Aufbau wie bei Versuch **V2**.
a) Stelle Zylinder und Quader mit wenig Abstand voneinander vor den Schirm.
b) Vergleiche die Schattenbilder von Kugel und Kreisscheibe. Halte die Kreisscheibe dazu parallel zum optischen Schirm. Beschreibe die Ergebnisse.

V4 Schülerversuch: Am Rand des Schattens

Material: Blatt Papier, Bleistift, Teelicht/Taschenlampe, Zylinder (z. B. Papprolle, Bechertasse)
Durchführung: Stelle Teelicht und Zylinder auf das Blatt Papier. Markiere darauf die Positionen von Teelicht, Flamme und Zylinder sowie die Grenzlinie zwischen dem Schattenbereich und dem beleuchteten Bereich. Protokolliere den Versuch.

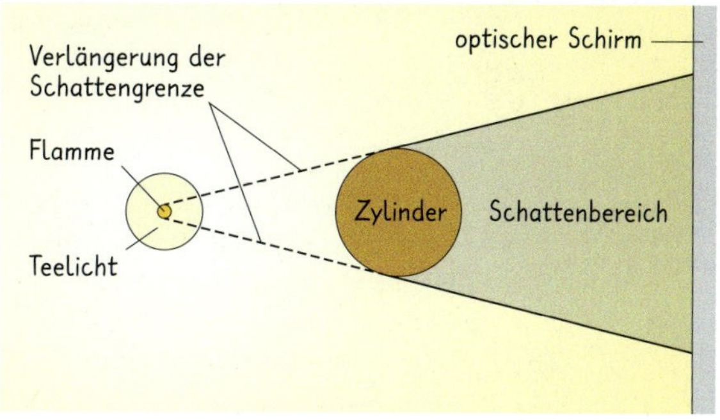

B3 *Die geradlinigen Verlängerungen der Schattengrenzen treffen sich dort, wo sich die Flamme des Teelichts befindet.*

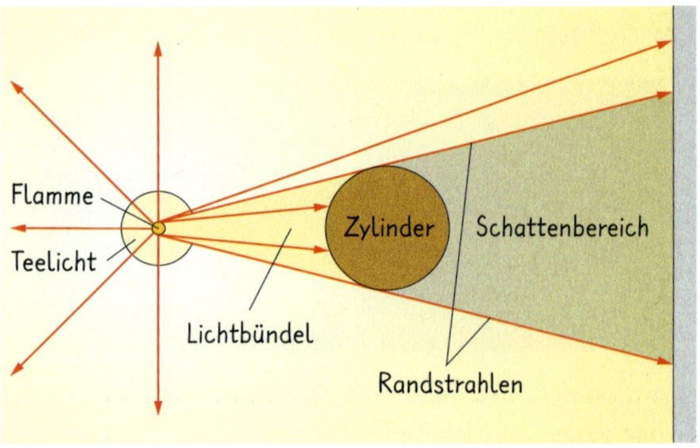

B1 *Der Weg des Lichts von der Lichtquelle weg kann durch Lichtstrahlen beschrieben werden.*

B2 *Durch die Tür fällt ein Lichtbündel, das am Rand geradlinig begrenzt ist.*

Lichtbündel und Lichtstrahlen – Vom Teelicht geht also das Licht nach allen Seiten geradlinig aus. Daher können wir von der Flamme des Teelichts aus zunächst in jede Richtung gerade Linien zeichnen (Bild **B1**). Sie kennzeichnen modellhaft den Weg des Lichts und werden auch **Lichtstrahlen** genannt. Einige Strahlen treffen auf den Zylinder und enden dort. Lichtstrahlen, die die Kante eines Gegenstands gerade noch streifen, nennt man **Randstrahlen**. Sie begrenzen den Schattenbereich und das **Lichtbündel**, das den Zylinder trifft.

Um nun einen Schattenbereich zu konstruieren verwenden wir nur diese Randstrahlen als Modell, wie sie in Bild **B1** eingezeichnet sind. Damit lässt sich nun auch die Form der Schatten auf dem Schirm erklären (Bild **B3**). Diese Konstruktion des Schattenbildes gilt aber nur für eine (nahezu) **punktförmige Lichtquelle**, wie wir sie bei einem Teelicht oder einem Lämpchen haben. Später werden wir noch ausgedehnte Lichtquellen betrachten, wie z. B. die Sonne oder eine Leuchtstoffröhre, die vielleicht deinen Physiksaal beleuchtet.

Im Bild **B2** siehst du am Boden einen hellen Bereich, der geradlinig begrenzt ist. Von der Lichtquelle außerhalb des Raumes kannst du beliebig viele Lichtstrahlen einzeichnen, die den Lichtweg beschreiben. Links und rechts des Spalts enden sie an der Wand und dem Türblatt. Die anderen bilden ein **Lichtbündel.** Auch hier bezeichnet man die Lichtstrahlen am Rand des Bündels als **Randstrahlen**.

Schattenbilder konstruieren – Mit der Erkenntnis, dass sich Licht geradlinig ausbreitet, kannst du die Lage und die Größe von Schattenbildern *erklären* und *vorhersagen*. Oder du kannst die Position der Lichtquelle bzw. des Körpers bestimmen. Wie du dazu vorgehst, zeigen dir die **Beispielaufgaben**. Wir beginnen dabei mit dem einfachsten Fall, dass das Licht von einer *einzigen Lichtquelle* ausgeht, *die punktförmig* ist.

Tipps, wie du zu einer übersichtlichen Skizze kommst, findest in du im Kasten **Kompetenz: Zeichnungen für Physik erstellen** auf der nächsten Seite.

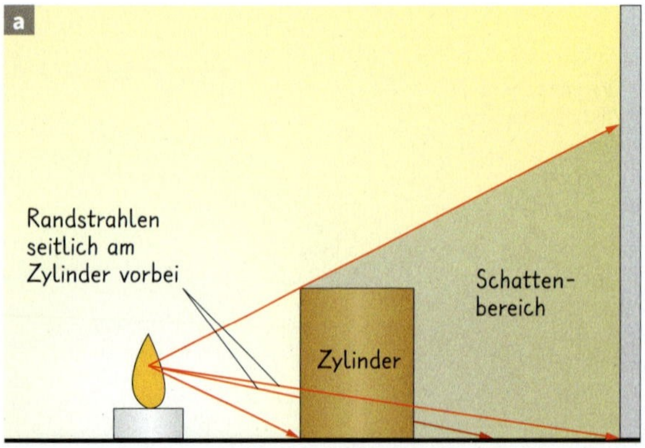

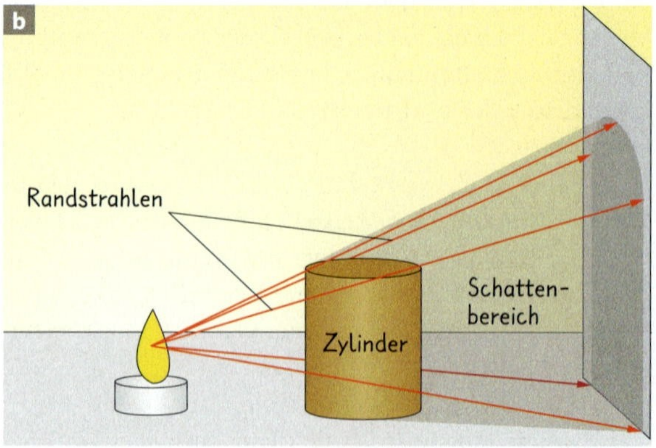

B3 *Die geradlinige Ausbreitung des Lichts ist verantwortlich für a) die Größe des Schattenbildes, b) die Form des Schattenbildes.*

Kompetenz: Zeichnungen für Physik erstellen

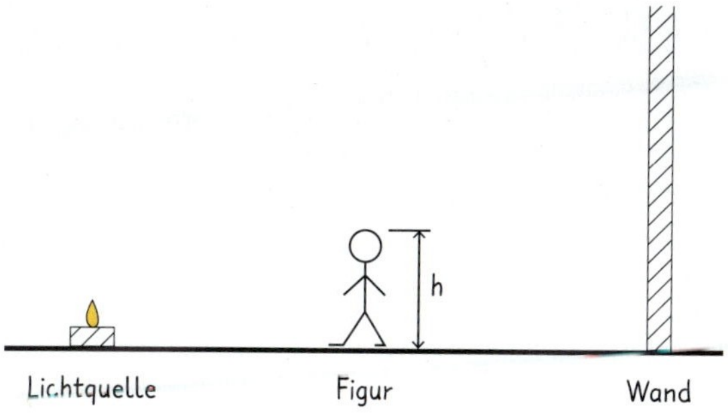

In Physik dienen Zeichnungen dazu, Sachverhalte zu veranschaulichen, Vorgänge zu erklären und Versuchsergebnisse vorherzusagen. Für diese Zeichnungen gelten daher besondere Regeln:

1. Auf das Wesentliche reduzieren: Für eine physikalische Zeichnung lassen wir bei dem Bild alles weg, was wir nicht für die Erklärung des Versuches oder des Versuchsergebnisses brauchen, wie z. B. das Blatt Papier, auf dem das Teelicht und die Figur stehen, oder den Radiergummi. Auch die Spielzeugfigur wird nicht im Detail abgezeichnet, sondern vereinfacht als Strichmännchen dargestellt, dessen Höhe maßstabsgetreu die Höhe der Figur darstellt.

2. Reduzierung von 3D zu 2D: Wollen wir einen Versuchsaufbau schematisch skizzieren, so können wir oft den Versuchsaufbau räumlich nicht übersichtlich darstellen. Daher legen wir physikalische Zeichnungen gerne zweidimensional an. Dazu überlegen wir uns, welche Sicht auf den Versuch wir wählen. Bevorzugt zeichnen wir den Versuch von der Seite oder von oben. Man nennt diese Ansichten die **Seitenansicht** und die **Draufsicht**. Hier skizzieren wir die Situation von der Seite.

3. Verwendung von Symbolen: Es wäre zu aufwändig, den Versuch detailgetreu abzeichnen zu wollen. Beispielsweise zeichnen wir ein Teelicht nur noch schematisch oder als Symbol (z. B. Kreis mit Punkt oder Kreuz in der Mitte) oder stellen das Auge eines Beobachters vereinfacht und stilisiert dar.

4. Mit Farben kennzeichnen und unterscheiden: Oft ist es hilfreich, mit Farben Wichtiges hervorzuheben oder wichtige Details hervorzuheben. Vielfach werden dabei bestimmte Farben für das Gleiche verwendet, z. B. Blau für Wasser und Gelb für Licht.

Beispielaufgabe 1

Eine Tür steht einen Spalt offen (Bild **B2**). Es fällt Licht ins Zimmer. Zeige, wie der helle Bereich auf dem Boden zustande kommt. Fertige dazu eine Zeichnung an. Beschrifte sie auch mit den Begriffen Lichtstrahl, Randstrahl und Lichtbündel.

Lösung: Man zeichnet die Tür und die Wand von oben gesehen als zwei Rechtecke, zwischen denen eine Lücke ist. Auf einer Seite zeichnet man das Symbol für eine Lichtquelle. Von der Lichtquelle gehen Lichtstrahlen in verschiedene Richtungen, die den Lichtweg darstellen. Einige gehen durch den Türspalt. Die Randstrahlen, die gerade noch an den Ecken der beiden Rechtecke vorbeigehen, begrenzen das Lichtbündel, das durch den Spalt geht.

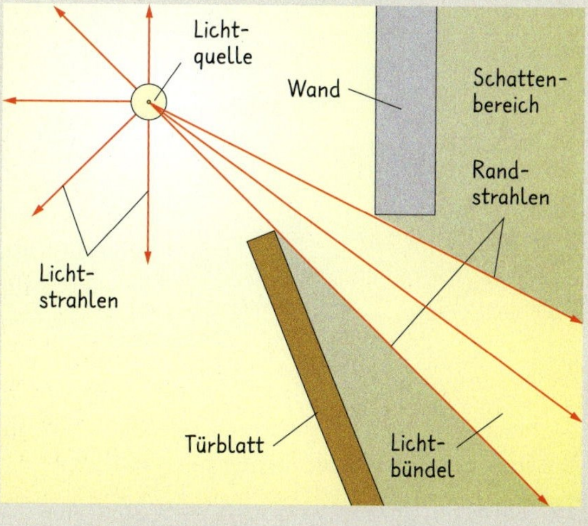

Beispielaufgabe 2

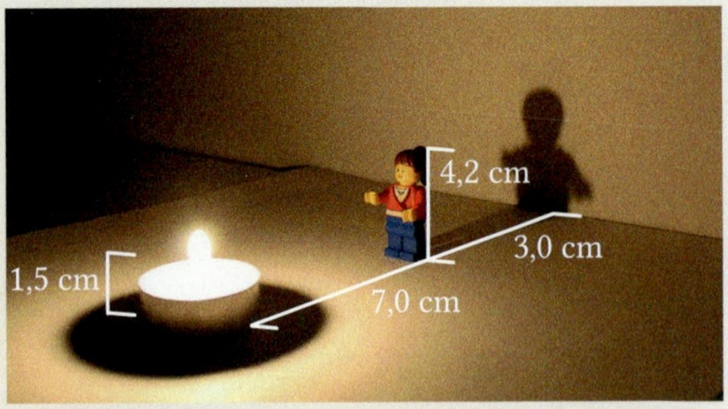

a) Bestimme mit den Angaben im Bild, wie hoch der Schatten der 4,2 cm hohen Figur sein wird.
b) Der Schatten soll nun die doppelte Höhe von a) erreichen. Bestimme zeichnerisch die Position des Teelichts, wenn der Abstand Figur–Wand gleich bleiben soll.
c) Das Teelicht steht 20 cm von der Wand entfernt. Der Schatten der Figur soll 6,3 cm hoch sein. Bestimme den Abstand zwischen Wand und Figur.

Lösung: Wähle einen Maßstab, z. B. 1 : 2, das heißt: 1 cm in der Zeichnung ≙ 2 cm in der Wirklichkeit.
a) Von der Flamme aus zeichnet man gerade Linien am höchsten bzw. tiefsten Punkt der Figur vorbei bis zur Wand bzw. dem Boden. Damit erhält man die Schattenhöhe hier zu 5,5 cm.

a

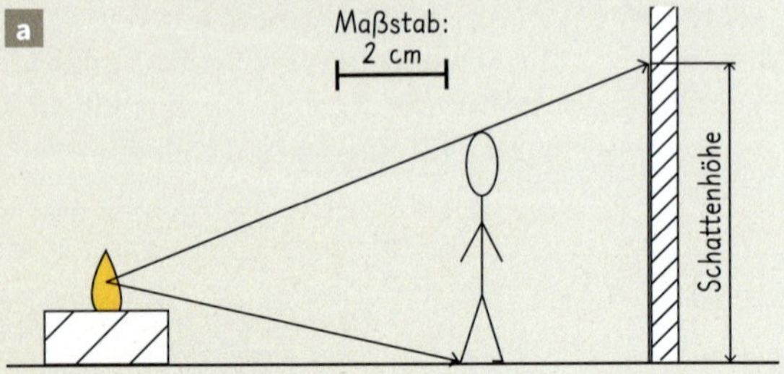

b) Zeichne maßstabsgetreu die Position der Wand, Position und Höhe der Figur sowie die Höhe des Schattens ein. Die unteren Enden von Figur und Schatten liegen auf gleicher Höhe. Zeichne nun eine Gerade durch die obersten Punkte von Schatten und Figur sowie eine Parallele zum Boden auf Höhe der Flamme. Der Schnittpunkt der beiden Linien ergibt die Position des Teelichts, hier 4,4 cm vor der Wand.

b

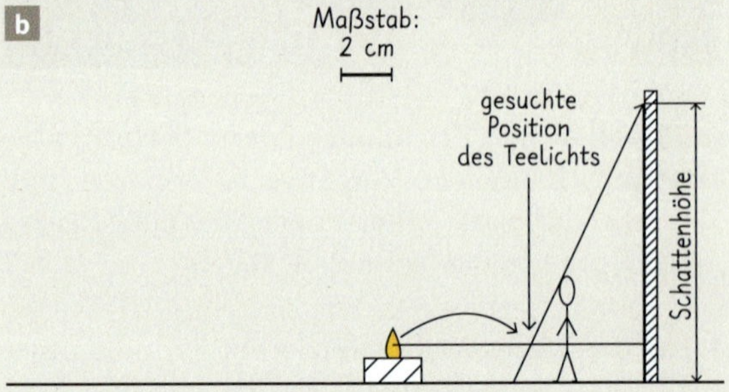

c) Zeichne maßstabsgetreu die Position von Teelicht und Wand sowie die Schattenhöhe ein. Verbinde das obere Schattenende mit der Flamme. Zeichne eine Parallele zum Boden durch das obere Ende der Figur. Der Schnittpunkt der beiden Linien ergibt die gesuchte Position der Figur, hier 8,8 cm von der Wand.

c

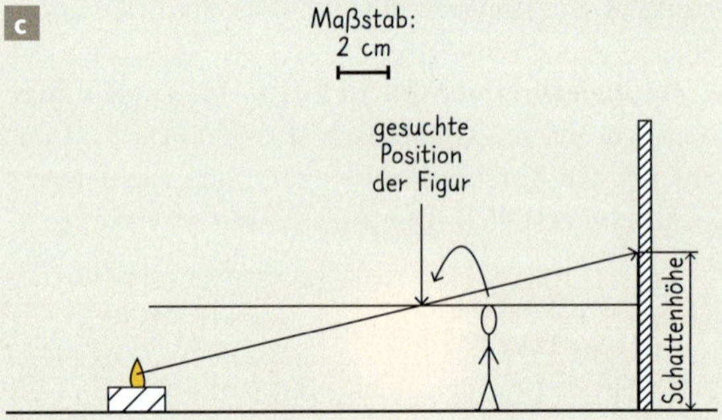

Forsche selbst: Schatten scharf und unscharf

Material: Raum mit Beleuchtung durch Leuchtstoffröhren, Stifte

Durchführung: a) Halte den einen Stift parallel zu den Leuchtstoffröhren über den Tisch, den anderen quer dazu. Beschreibe beide Schattenbilder im Vergleich. Dokumentiere den Versuch mit Fotos.
b) Erkläre ausführlich, wie die unterschiedlichen Schattenbilder entstehen.
c) Verändere den Abstand der Stifte zum Tisch und beschreibe ausführlich die Auswirkungen auf die Schattenbilder.
d) Untersuche die Schattenbilder der Stifte, die du bei anderen Lichtquellen erhältst. Dokumentiere deine Versuche ausführlich, auch mithilfe von Fotos.

B1 *Mit zwei Lichtquellen erhält man Schattenbereiche mit unterschiedlicher Helligkeit.*

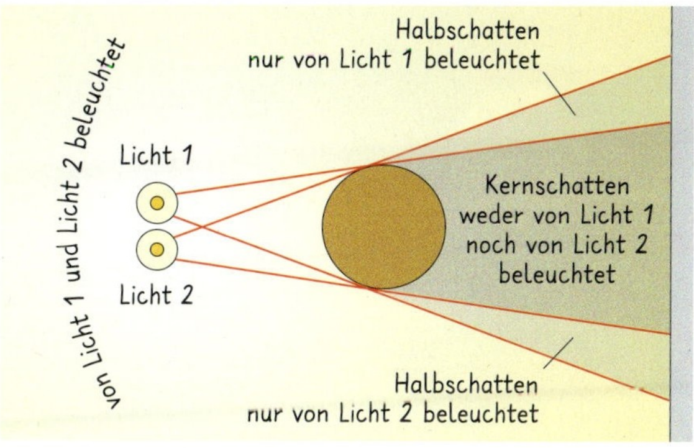

B2 *Mit der geradlinigen Ausbreitung des Lichts lassen sich Halb- und Kernschatten erklären.*

Kern- und Halbschatten – Zwei punktförmige Lichtquellen (z. B. zwei Teelichter oder kleine LED-Strahler) erzeugen zwei Schattenbereiche – pro Lichtquelle einen. In Bild **B1** scheinen sich diese beiden Schattenbereiche sogar zu überlagern. In Versuch **V1a** untersuchen wir genauer, wie die unterschiedlich dunklen Schatten zustande kommen.
Es gibt dort Stellen, an denen *von einer* Lichtquelle *kein Licht* ankommt, die aber *von der anderen* Lichtquelle *beleuchtet* werden. In diesem Bereich ist der Schatten nicht ganz so dunkel. Wir nennen ihn **Halbschatten**. Dann gibt es Stellen, an die *weder* Licht *von der einen noch von der anderen* Lampe gelangt. Dieser Bereich heißt **Kernschatten** (Bild **B2**). Hier überlappen sich quasi die Schatten der beiden Lichtquellen.

In Versuch **V1b** ziehen wir die Teelichter auseinander. Die Schatten wandern nur zur Seite und überlappen sich irgendwann nicht mehr: Der Kernschatten ist dann nur noch auf dem Papier zu sehen, aber nicht mehr am Schirm. Nur wenn dieser an den Gegenstand herangerückt wird, sieht man auf ihm wieder einen Kernschatten.

! Merksatz

Trifft Licht von zwei Lichtquellen auf einen Gegenstand, ergeben sich unterschiedliche Schattenbereiche: In den Halbschatten gelangt nur das Licht einer Lichtquelle. Der dunklere Kernschatten wird von keiner der Lichtquellen beleuchtet.

V1 Schülerversuch: Zwei Schattenbilder

Material: Blatt Papier, Bleistift, zwei Teelichter, Zylinder (z. B. Papprolle, Bechertasse)
Durchführung: a) Lege ein Blatt Papier auf den Tisch. Stelle zwei Teelichter dicht nebeneinander darauf. Platziere den Zylinder zwischen optischem Schirm und Teelichtern. Zeichne die Schatten nach. Schirme je ein Teelicht kurz mit der Hand ab. Du erkennst dann die beiden Schattenbilder. Notiere deine Beobachtungen.
b) Variiere nun den Abstand zwischen den Teelichtern. Fertige ein Versuchprotokoll an und beschreibe darin die Veränderungen, die sich dabei ergeben.

B1 *Der Schatten des Zylinders ist unscharf.*

B2 *Mit mehreren Lichtquellen erhält man Übergangsschatten.*

Übergangsschatten – In Bild **B1** siehst du den unscharfen Schattenrand eines Zylinders, der von einer kugelförmigen Lampe beleuchtet wird. Bei ihr handelt es sich um eine **ausgedehnte Lichtquelle**. Der Schatten unterscheidet sich deutlich von den klar abgegrenzten Schatten bei einer **punktförmigen Lichtquelle**. Um das zu verstehen, führen wir ein **Modellexperiment** durch:
Von jedem Punkt der kugelförmigen Lampe wird Licht ausgesendet. Wir *vereinfachen* das im Modellversuch auf *zwei Dimensionen* durch fünf Teelichter, die wir im Halbrund aneinanderreihen (Bild **B2**). Es sind jetzt mehr abgestufte Schattenbereiche zu sehen als bei zwei Teelichtern. Bild **B3** veranschaulicht, wie sich diese **Übergangsschatten** ergeben.

Dieser Versuch ist nur eine Denkhilfe, denn erst mit unendlich vielen Teelichtern würde man einen Übergangsschatten erhalten wie in Bild **B1**. Je mehr Teelichter du verwendest, umso mehr abgestufte Schattenbereiche ergeben sich und der Übergang zwischen Schatten und Licht wird zunehmend als fließend empfunden. Der Schattenraum hat wegen des stufenlosen Übergangs zwischen Nachbarbereichen eine unscharfe Grenze.

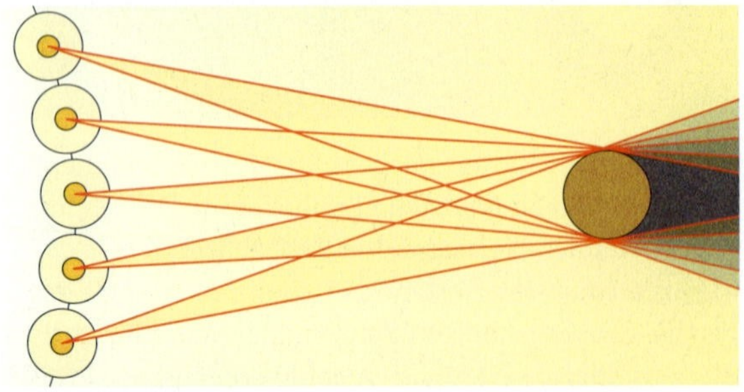

B3 *Schattenkonstruktion zu Bild B2*

! Merksatz

Eine ausgedehnte Lichtquelle erzeugt einen Übergangsschatten. Die Schattenränder sind unscharf.

Obwohl die Sonne ungefähr 150 Millionen Kilometer von der Erde entfernt ist, erzeugt sie Übergangsschatten. Das können wir wie im Bild **B3** erklären, da die Sonne um ein Vielfaches größer ist als die Erde.

Schatten unerwünscht – Schaffst du es, die Teelichter im Modellversuch von Bild **B2** so zu verschieben, dass kein Schatten mehr hinter dem Gegenstand zu sehen ist?

Diese Idee verwenden professionelle Fotografen. Sie möchten auf ihren Fotos möglichst wenig Schatten. Besonders Gesichter wirken dann besser. Daher stellen sie wie in Bild **B4** mehrere Lichtquellen auf, sodass es kaum einen Bereich gibt, in dem kein Licht ankommt.

B4 *Viele Lichtquellen sorgen für ein schattenfreies Bild.*

Löse selbst

1 Du gehst im Dunkeln unter einer Laterne hindurch. Beschreibe mit Hilfe von Skizzen, wie sich dein Schatten ändert.

2 Konstruiere das Schattenbild eines Holzwürfels für zwei verschiedene Abstände zwischen Teelicht und Wand. Wähle dafür die Seitenansicht. Der Abstand zwischen Holzwürfel und Wand soll dabei nicht verändert werden.

3 Skizziere, aus welcher Richtung das Sonnenlicht im Bild kommt. Begründe, warum du nicht den ganzen Tag lang die gleiche Anordnung beibehalten kannst, wenn du stets im Schatten sein willst.

4 ↗ Ein Pfahl ist 2,0 m hoch. 3,0 m waagrecht von ihm entfernt hängt in 6,0 m Höhe eine Lampe.
a) Bestimme zeichnerisch die Länge des Schattens, den der Pfahl auf den waagrechten Boden wirft. Zeichne dazu verkleinert im Maßstab 1 : 50.
b) Beschreibe, wie sich die Schattengröße ändert, wenn man die Lampe nur noch in 3,0 m Höhe hängt.
c) Bestimme den Abstand zwischen Pfahl und Lampe, wenn der Schatten 1,5 m lang sein soll.
d) Beschreibe, wie sich die Größe des Schattens ändert, wenn der Pfahl nun doppelt so lang ist.

5 Die Kreuze stellen zwei punktförmige Lichtquellen dar. Übertrage für Aufgabe a) und b) jeweils das Bild durch Kästchenzählen in dein Heft.
a) Zeichne für diese Situation die verschiedenen Schattenbereiche ein.
b) Setze mittig zwischen den beiden Lampen eine weitere und zeichne die Schattenbereiche ein.

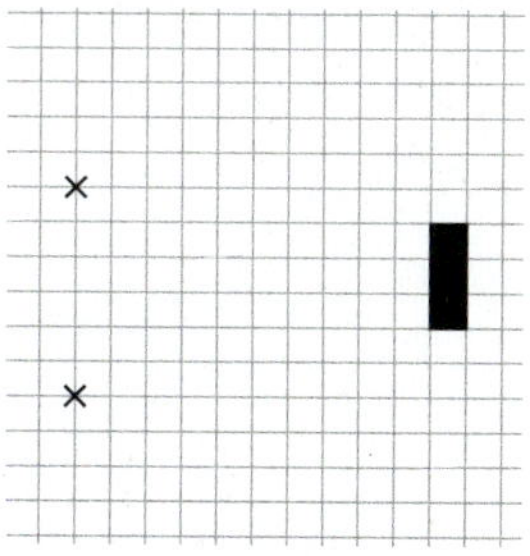

6 **Heimexperiment:** Stecke einen Stift senkrecht durch ein Stück Karton. Stelle die Anordnung ans Fenster. Beobachte an einem sonnigen Tag die Veränderung des Schattens und dokumentiere sie.

7 Leon will beim Schattentheater mit einer einzigen Pappfigur zwei Schattenbilder erzeugen. Er benutzt dazu zwei Lampen, die er nebeneinander stellt. Beschreibe anhand einer Skizze worauf er achten muss, damit sein Vorhaben gelingt.

8 Das Bild zeigt einen beleuchteten Gegenstand und eine Ameise, die durch den Schatten krabbeln will.

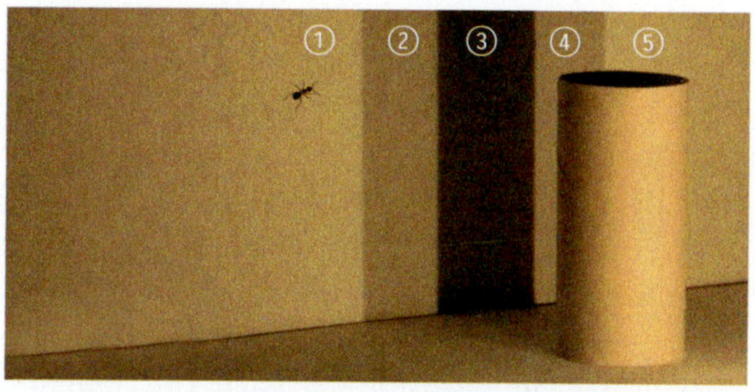

a) Wie viele Lichtquellen beleuchten den Gegenstand? Begründe kurz.
b) Erkläre anhand einer Skizze, welche Lichtquelle die Ameise auf ihrem Weg von 1 nach 5 jeweils sieht.

9 ↗ Zwei punktförmige Lichtquellen L_1 und L_2 beleuchten ein Hindernis in Form einer rechteckigen Platte. Es ergeben sich damit Schattenbereiche wie in der Zeichnung dargestellt. Übertrage die Zeichnung ins Heft und bestimme die Lage des Hindernisses. Benenne die Schattenbereiche.

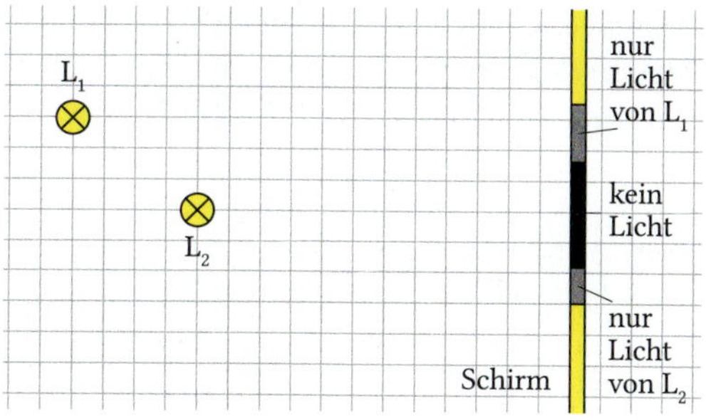

10 ↑ Klaus fragt seinen Freund, warum man an Tagen mit durchgehender Bewölkung kaum Schatten beobachten kann. Beantworte seine Frage ausführlich und verwende wenn möglich Fachbegriffe.

2.3 Licht im Weltall

B1 *Der Blick aus der Umlaufbahn des Mondes auf die Erde zeigt nur einen Teil der von der Sonne beleuchteten Erdhälfte.*

B2 *Beim Sichelmond erkennt man schwach die unbeleuchtete Fläche des Mondes.*

Mondphasen – Erst 1968 sind Astronauten zur Vorbereitung der Landung auf dem Mond zum ersten Mal so weit weggeflogen, dass sie die Erde vollständig im Weltall gesehen haben. In ihrer Weltraumsonde haben sie den Mond umrundet und dabei Bild **B1** aufgenommen. Über der Mondlandschaft am unteren Rand „schwebt" die Erde im Weltall. Allerdings sehen wir hier nicht die halbe Erdkugel, sondern deutlich weniger.

Blicken wir von der Erde aus nachts in den Himmel, sehen wir Ähnliches bei der Beobachtung des Mondes. Mal erscheint uns der Mond als Kreisscheibe, mal als Halbkreis und mal als Sichel (Bild **B2**).

Versuch **V1** zeigt modellhaft, wie es zu diesem Phänomen kommt. Es ist dabei immer die Hälfte der Kugel durch die Lampe beleuchtet. Du aber siehst je nach Position deines Mitschülers nur unterschiedlich große Teile der beleuchteten Kugelhälfte. Diese sehen aus wie die bekannten **Mondphasen** (Bild **B3**). Die verschiedenen Mondphasen an den Positionen 1 bis 8 ergeben sich, wenn du dir vorstellst, dass du von der Erde aus zum Mond blickst. Du siehst meist nur einen Teil der beleuchteten Mondhälfte.

Innerhalb von 29,5 Tagen, also etwa einem Monat, umkreist der Mond die Erde. Dabei durchläuft er jeweils die Positionen 1 bis 8 (Bild **B3**). Die Sonne beleuchtet immer nur die ihr zugewandte Hälfte des Mondes. Je nachdem, wie Sonne, Mond und Erde zueinander positioniert sind, sehen wir unterschiedliche Teile der beleuchteten Mondhälfte, z. B.:

- bei Vollmond die ganze beleuchtete Fläche (7),
- bei Halbmond die Hälfte dieser Fläche (1, 5),
- bei Neumond diese Fläche gar nicht (3).

Die unbeleuchtete Mondfläche können wir manchmal wie beim Sichelmond in Bild **B2** ganz schwach erkennen, weil etwas Streulicht von der Erde dorthin gelangt. Das gelingt nur in den frühen Morgenstunden oder abends – tagsüber ist der umgebende Himmel zu hell.

Von Position 7 bis Position 3 wird der von der Erde aus sichtbare Teil der beleuchteten Mondhalbkugel immer kleiner – man spricht vom **abnehmenden Mond**. Danach wird der sichtbare Teil größer, bis Position 7 wieder erreicht ist – wir haben **zunehmenden Mond**.

! Merksatz

Die Mondphasen entstehen, weil der Mond um die Erde wandert. Dabei sehen wir von der Erde aus unterschiedliche Teile der Mondhälfte, die von der Sonne beschienen wird.

V1 Mondphasen

Material: Lampe, Kugel

Durchführung: Stelle eine große Lampe als Sonne auf. Ein Mitschüler hält eine Kugel vor sich und läuft mit ihr um die Beobachter in der Mitte seiner Kreisbahn. Gib an, welche Mondphasen in den verschiedenen Positionen beobachtet werden.

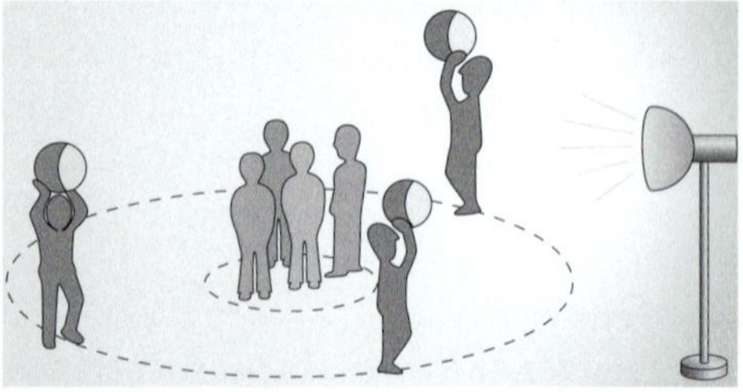

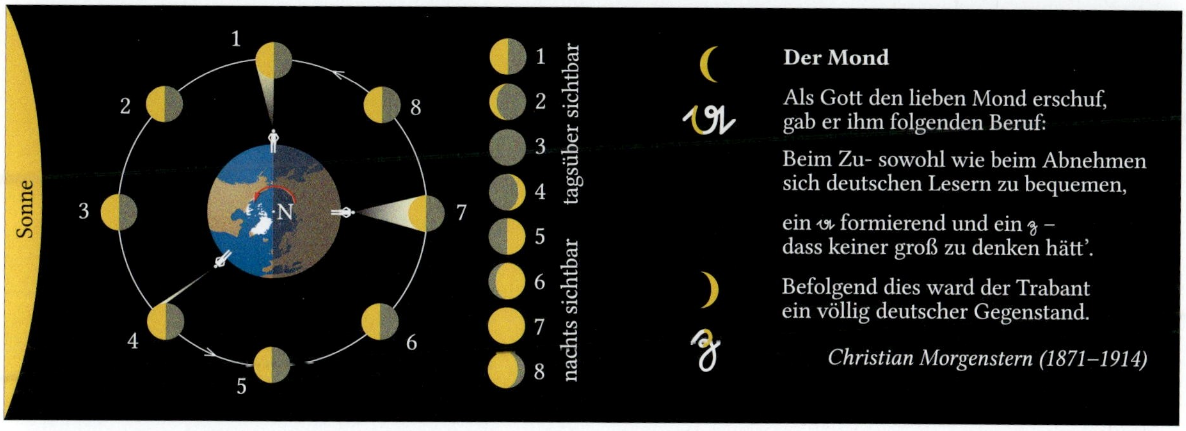

B3 *Wir blicken von oben auf den Nordpol der Erde und betrachten die Bahn des Mondes. Die Sonne steht links und beleuchtet Mond und Erde jeweils zur Hälfte. Das Gedicht rechts enthält eine Eselsbrücke, wie man einen zu- bzw. abnehmenden Mond erkennt.*

Schatten machen Finsternisse. Im Modellversuch **V1** ist dir bestimmt aufgefallen, dass du den „Vollmond" nur dann beobachten kannst, wenn die Lampe, dein Kopf und die Kugel – also „Sonne", „Erde" und „Mond" – nicht gleichzeitig auf einer geraden Linie liegen. Hält dein Mitschüler die Kugel zu tief, so fällt dein Schatten auf die Kugel und du erlebst eine „Mondfinsternis".

Tatsächlich stehen die Umlaufbahnen des Mondes um die Erde und der Erde um die Sonne schräg zueinander (Bild **B4**). Trotzdem kommt es vor – wenn auch nur selten –, dass der Schatten der Erde auf den Mond fällt. Man spricht dann von einer **Mondfinsternis** wie in Bild **B4** links.
Umgekehrt kann es bei Neumond vorkommen, dass der Schatten des Mondes auf die Erde fällt. Das nennt man eine **Sonnenfinsternis** (Bild **B4** rechts).

Dass der Mond von uns aus gesehen die Sonne genau „überdecken" kann, liegt an den Entfernungen zwischen Erde, Mond und Sonne und hat nichts mit den tatsächlichen Größen zu tun. Der Durchmesser der Sonne ist rund 400-mal so groß wie der Durchmesser des Mondes; dafür ist die Sonne aber auch ca. 400-mal so weit von der Erde entfernt wie der Mond.

! Merksatz

Bei einer Mondfinsternis fällt der Schatten der Erde auf den Mond.
Bei einer Sonnenfinsternis fällt der Schatten des Mondes auf die Erde.

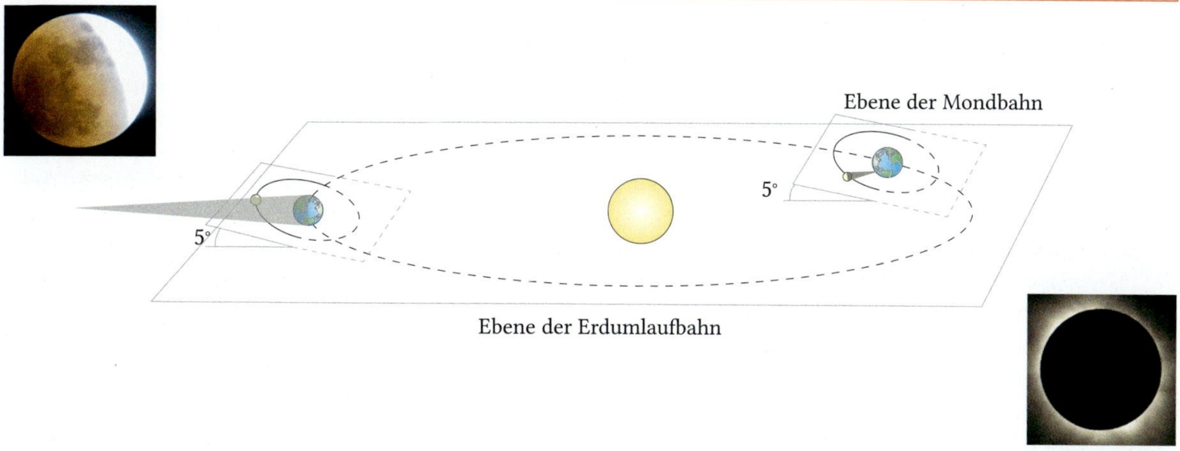

B4 *Links: Bei einer Mondfinsternis fällt der Schatten der Erde teilweise oder ganz auf den Mond. Rechts: Bei einer totalen Sonnenfinsternis steht der Beobachter auf der Erde im Kernschatten des Mondes.*

Kompetenz: Sachtexte zusammenfassen

In Sachtexten sind Informationen zu einem Thema oft ausführlich dargestellt. Oft ist jedoch eine kurze Zusammenfassung eines solchen Sachtextes praktisch, z. B. zur Vorbereitung einer Prüfung oder eines Referats.
Hier findest du nun eine Anleitung, die dir am Beispiel des nebenstehenden Textes „Mond mal anders herum“ die grundsätzlichen Schritte zeigt.

- Lies den Text sorgfältig und mehrfach durch und ergänze den Satz: „In dem Text geht es um ...“. Beispiel: „In dem Text geht es um die Mondphasen in anderen Ländern.“

- Unterstreiche unbekannte Wörter (nur in eigenen Büchern, Zeitschriften usw!) – auch aus anderen Sprachen – und ermittle ihre Bedeutung. Beispiel: *Waxing gibbous*: zunehmender Dreiviertelmond

- Markiere Wörter, die für das *Verständnis* wichtig sind. Beispiele: *zu-, abnehmender Mond*, *Mondphasen anders herum*, *Australien*, *Äquator*, ...

- Unterteile den Text in *sinnvolle* Abschnitte und gib jedem Abschnitt eine Überschrift.
  Beispiel:
  1. Abschnitt: Von „Bei uns gibt es ...“ bis „... wie eine Gondel.“ Überschrift: „Mondphasen in Australien und am Äquator“.
  2. Abschnitt: Ab „Das Ganze hängt ...“ bis zum Ende des Textes. Überschrift: „Erklärung mit einem Modell“.

- Formuliere *ein bis zwei* Sätze, in denen du – passend zu den Überschriften – den Inhalt der Abschnitte beschreibst. Dazu darfst du hier viele Details aus dem Text weglassen.
  Beispiel:
  „1. Mondphasen in Australien und am Äquator
  In Australien ist die Mondsichel beim zunehmenden Mond genau anders herum wie bei uns, am Äquator liegt sie auf dem Rücken.
  2. Erklärung mit einem Modell
  Die Mondsichel am Äquator ist so zu sehen, wie wenn wir unseren Kopf um 90° neigen. In Australien sieht man sie so, wie wenn wir bei uns auf dem Kopf stehen würden.“

Mond mal anders herum

Bei uns gibt es eine nette kleine Merkregel für den zu- und abnehmenden Mond: Passt die äußere Rundung der Mondsichel in den „Bauch“ vom „a“, nimmt er ab, passt sie in die Rundung des „z“, so nimmt er zu. Wer aber schon einmal eine Woche in Australien, Nordbrasilien oder Tansania gewesen ist, wird sich vielleicht gewundert haben. Unsere schöne Regel funktioniert dort nicht!

Die Menschen im australischen Outback sehen, wenn sie Nacht für Nacht den Mond beobachten, die Mondphasen in der Reihenfolge, wie sie das Bild hier zeigt.

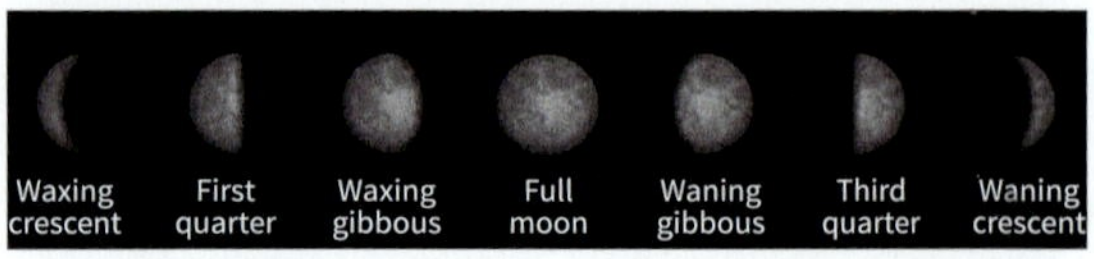

Was australische Schüler über die Mondphasen erzählt bekommen, ist genau anders herum wie bei uns.

Und noch spannender wird's in der Nähe des Äquators – da liegt die Mondsichel manchmal auf dem Rücken und sieht aus wie eine Gondel.

Das Ganze hängt davon ab, auf welchem Breitengrad man sich zu welcher Jahreszeit befindet. Um das zu erklären, nehmen wir z. B. einen zunehmenden Mond und stellen uns vor, wir würden in einer Minute auf einem Längengrad vom Nordpol zum Südpol reisen. Als Modell für unsere Reise hängen wir uns eine Mondsichel an die Wand. Dann neigen wir unseren Kopf seitlich zur linken Schulter. Eine Neigung von 90° entspricht dann der Position am Äquator. Nun erscheint die Mondsichel in unserem Gesichtsfeld unten.
Für die weitere Reise Richtung Südpol müssen wir nun unseren Rumpf mitnehmen oder einen Kopfstand machen. Jetzt ist die Mondsichel aus unserer Sicht nicht mehr rechts, sondern links. Wir sind in Australien angelangt, wo auch die Autos links fahren.

Sachtext 1: Finsternisse genauer betrachtet

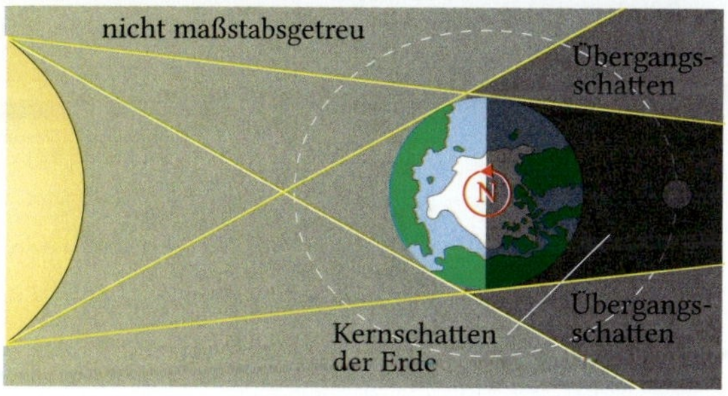

Im alten Ägypten fanden die Menschen Sonnen- und Mondfinsternissse bedrohlich. Man glaubte, dass die Sonne bzw. der Mond vom Himmel verschluckt wird. Heute weiß man, wie diese Phänomene entstehen und wann sie auftreten.

Für **Mondfinsternisse** ist der Schattenbereich der Erde verantwortlich (siehe Grafik oben links). Dieser besteht aus dem *Kernschatten* und dem *Übergangsschatten*. Beide haben im Raum die Form von Kegeln. In der Grafik sieht man hier von beiden nur einen Längsschnitt.

Der Kernschatten ist allerdings nicht wie sonst völlig lichtfrei. Die Atmosphäre der Erde lenkt einen kleinen Teil des Sonnenlichts – vor allem rote Anteile – in den Kernschattenbereich (vgl. **Kapitel 1, Schülerversuch: Mitternachtssonne**).
Befindet sich der Mond komplett im Kernschatten der Erde, kann man eine **totale Mondfinsternis** beobachten. Er ist dann aber nicht unsichtbar. Das wenige von der Atmosphäre abgelenkte Licht lässt den Mond rot erscheinen. Man spricht manchmal auch von einem **„Blutmond"**. Wandert nur ein Teil des Mondes durch den Kernschatten, beobachtet man von der Erde aus eine **partielle** (d. h. teilweise) **Mondfinsternis**. Mondfinsternisse lassen sich etwa alle ein bis zwei Jahre beobachten.

Sonnenfinsternisse haben umgekehrt ihre Ursache in den Schattenbereichen des Mondes, die ebenfalls kegelförmig sind. Es gibt auch hier Kern- und Übergangsschatten (Grafik oben rechts).
Ein Beobachter A auf der Erde, der sich im Kernschatten befindet, empfängt kein Licht von der Sonne – der Mond verdeckt für ihn die Sonne vollständig. Beobachter A sieht eine **totale Sonnenfinsternis**.

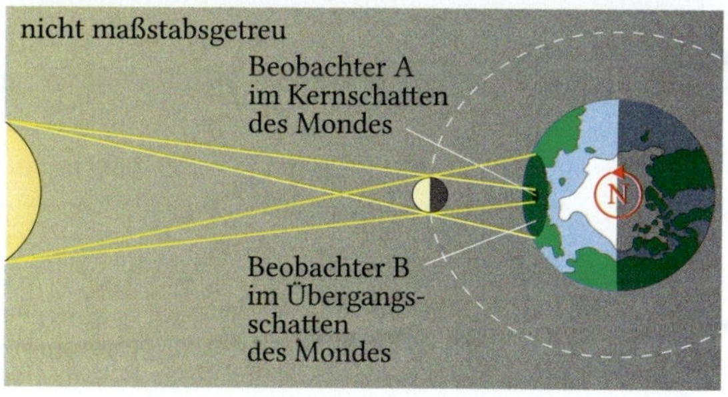

Der Kernschatten des Mondes bedeckt nur einen kleinen Teil der Erdoberfläche und wandert wegen der Erdrotation auch sehr schnell über sie hinweg. Daher ist die vollständige Verfinsterung für Beobachter A schon nach wenigen Minuten vorbei.
In Deutschland fand die letzte totale Sonnenfinsternis am 11. 8. 1999 statt. Erst am 3. 9. 2081 wird hierzulande die nächste zu beobachten sein.

Der Beobachter B im Bereich des Übergangsschattens erlebt eine **partielle Sonnenfinsternis**, d. h. Teile der Sonne bleiben für ihn sichtbar. Auch bei einer **ringförmigen Sonnenfinsternis** (Bild unten) ist das der Fall. Der Mond ist dabei etwas weiter von der Erde entfernt, sodass es auf der Erde keinen Kernschattenbereich gibt. Ein Beobachter, der sich nun im Zentrum des Schattenbereichs befindet, sieht noch die äußeren Ränder der Sonne. Sonnenfinsternisse gibt es etwa zweimal im Jahr; sie sind aber jeweils nur von einem kleinen Teil der Erde aus beobachtbar.
Achtung: Das Licht der teilweise sichtbaren Sonne ist stark genug, um die Augen in kürzester Zeit zu schädigen. Man benötigt spezielle Schutzbrillen.

Eine Mondfinsternis kann nur bei Vollmond auftreten, eine Sonnenfinsternis nur bei Neumond. Da die Ebenen von Mond- und Erdbahn um etwa 5° gegeneinander geneigt sind, laufen Erde und Mond meist ober- oder unterhalb der Schattenkegel vorbei.

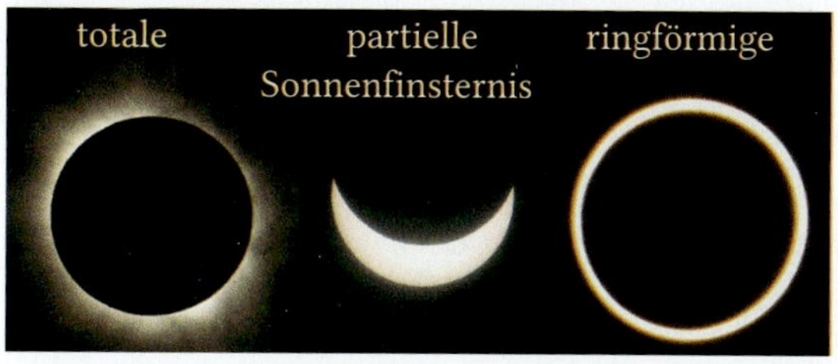

Sachtext 2: Sonnenaufgang und -untergang im Modellexperiment

Wer weiß schon, dass die Sonne bei uns in Europa im Sommer etwas nordöstlich auf- und etwas nordwestlich untergeht. Im Winter hingegen geht sie südöstlich auf und südwestlich unter. Wie das zustande kommt, ist ohne Hilfsmittel schwer vorzustellen. Aber mit einem einfachen Modell lässt sich das gut nachvollziehen.

Dazu braucht man:

- eine Fahrradfelge: Sie stellt einen Erdquerschnitt durch Nord- und Südpol dar, d.h. geografisch gesehen einen Längenkreis.
- eine Stange/ein Rohr aus Holz oder Metall (Durchmesser 8 mm, ca. 20 cm länger als der Felgendurchmesser): Sie stellt die Drehachse der Erde dar.
- ein kreisförmiges Stück Karton (Durchmesser 10 cm), das den Erdboden am jeweiligen Ort darstellt. Auf ihm trägt man die Himmelsrichtungen N, NO, O, SO, S, SW, W, NW („Windrose") an.
- einen Nagel mit Durchmesser 2,5 mm: Er stellt einen Schattenstab dar.
- Lichtquelle, z.B. Schreibtischlampe, Smartphone
- Gummiringe; Metallbohrer (Durchmesser 9 mm und 2,5 mm); Alles- oder Heißkleber

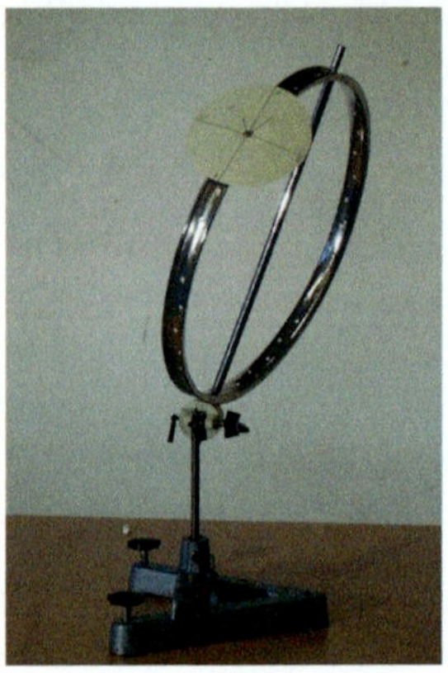

So wird das Modell gebaut:

- In die Fahrradfelge bohrt man gegenüber dem Loch für das Ventil ein zweites Loch (Durchmesser 9 mm).
- Die Stange steckt man durch beide Löcher, sodass sie auf beiden Seiten der Felge etwas übersteht.
- Durch das Kartonstück steckt man in der Mitte den Nagel senkrecht so weit, dass das untere Ende noch durch die Speichenlöcher der Felge reicht. Das Kartonstück mit Nagel kann so in jedem Speichenloch der Felge befestigt werden (z.B. mit Gummiringen). Dadurch kannst du Positionen bei verschiedenen geografischen Breitengraden simulieren.

Nun muss das Ganze nur noch beleuchtet werden. Eine einmalige Drehung der Felge um 360° stellt den Verlauf eines Erdentages dar. Anhand der Schatten, die der Nagel auf das Kartonstück wirft, kann man nun ablesen, in welcher Himmelsrichtung die Sonne steht. Ist die Kartonscheibe vollständig im Schatten, so ist am entsprechenden Ort der Erde gerade Nacht. Stellt man die Achse schräg wie im Bild, kann man auch Polarnacht und Polartag darstellen.

Beispielaufgabe: Mondphasen erklären

Am Himmel siehst du eine schmale Mondsichel. Erkläre anhand von Skizzen, wie sie entsteht und zu welcher Tageszeit sie sichtbar ist.

Lösung:

Die Skizze zeigt die Position der Sonne, des Mondes und der Erde mit Blick auf den Nordpol der Erde. Die Erde dreht sich aus dieser Sicht gegen den Uhrzeigersinn.

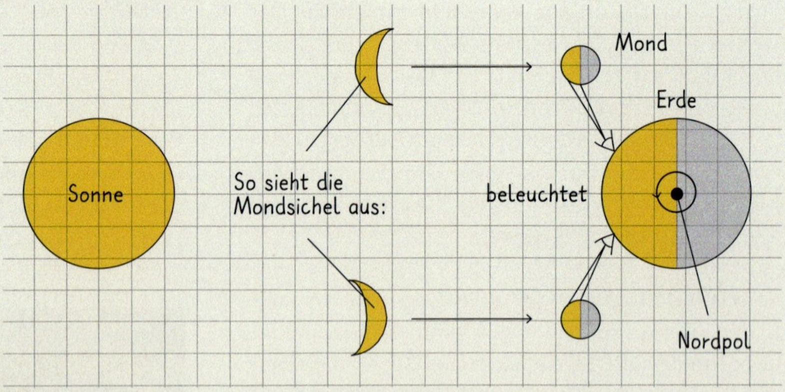

Mondsicheln kann man kurz vor oder nach Neumond beobachten. Der Mond befindet sich dann auf der Seite der Erde, die der Sonne zugewandt ist.

Bei der oberen Position des Mondes sieht man die Sichel links. Es ist dann Vormittag.
Bei der unteren Position sieht man die Sichel rechts. Man kann sie nachmittags beobachten.

Löse selbst

1 Benenne die einzelnen Mondphasen von 1 bis 8. Gib die Tageszeiten an, zu denen die jeweilige Mondphase beobachtet werden kann.

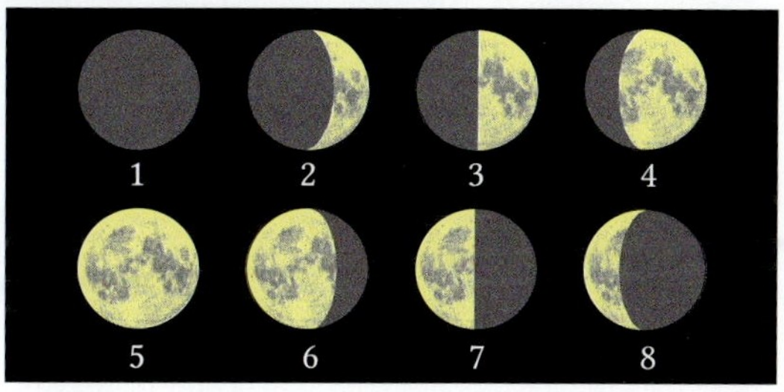

2 Erkläre, dass der abnehmende Halbmond nur von der Nacht bis zum Vormittag beobachtet werden kann, der zunehmende Halbmond hingegen nur vom Nachmittag bis in die Nacht hinein.

3 In einem Lied heißt es: „Der Mond ist aufgegangen, die goldnen Sternlein prangen am Himmel hell und klar."
a) Erkläre mithilfe von Skizzen, dass man den Mond manchmal auch tagsüber sehen kann.
b) Begründe, dass dann stets weniger beleuchtete Fläche zu sehen ist als bei Halbmond.
c) Der Mond wird in der Regel nur mit der Nacht in Verbindung gebracht. Stelle eine physikalisch begründete Vermutung für diese Verknüpfung auf.
d) Warum sieht man die Sterne nur nachts? Begründe mit physikalischen Argumenten.

4 Begründe, warum man eine Mondfinsternis nur bei Vollmond und eine Sonnenfinsternis dagegen nur bei Neumond sehen kann. Veranschauliche dir die Situationen mit aussagekräftigen Skizzen.

5 „Viel mehr Menschen können eine Mondfinsternis beobachten als eine Sonnenfinsternis. Außerdem dauert eine Mondfinsternis deutlich länger."
Begründe beide Aussagen ausführlich.

6 Jemand behauptet, die Mondphasen würden durch den Erdschatten verursacht. Erarbeitet als Gruppe eine Präsentation, in der ihr diese Behauptung widerlegt (Plakat oder Experiment).

7 a) Fasse den Sachtext 1 auf Seite 57 zusammen.
b) Erkläre, wie die drei Arten von Sonnenfinsternissen entstehen. Fertige auch eine geeignete Skizze an und überlege dir einen Modellversuch dazu.
c) Partielle Sonnenfinsternisse treten häufiger auf als totale Sonnenfinsternisse. Begründe dies.
d) Erkläre die Tatsache, dass nicht jeden Monat eine Sonnenfinsternis beobachtet werden kann.

8 a) Fasse den Sachtext 2 auf Seite 58 zusammen.
b) Baut das Modellexperiment nach. Recherchiert, wie die Achse gegen die Tischfläche geneigt sein muss, um Sommer und Winter auf der Nordhalbkugel zu simulieren. Beschreibt die Ergebnisse.
c) Drehst du die Felge, gibt es eine Position, bei der die Kartonscheibe erstmalig vollständig beleuchtet ist. Drehst du weiter, gibt es eine Endposition, bei der sie wieder vollständig im Schatten liegt. Notiere den Drehwinkel zwischen beiden Positionen für verschiedene Lagen der Kartonscheibe auf der Felge. Begründe damit die unterschiedlichen Tageslängen.

9 Führe den Modellversuch, der im Text „Mond mal anders herum" beschrieben wird, mithilfe eines Smartphones oder einer Kamera selbst durch. Präsentiere deine Ergebnisse vor der Klasse.

10 Der Roboter *Curiosity* steht auf dem Mars. Von dort konnte er beobachten, wie sich der Mond Phobos vor die Sonne schob (unteres Foto). Vergleiche anhand des Fotos die Sonnenfinsternisse auf Mars und Erde miteinander. Denke hierbei auch an die jeweiligen Entfernungen.

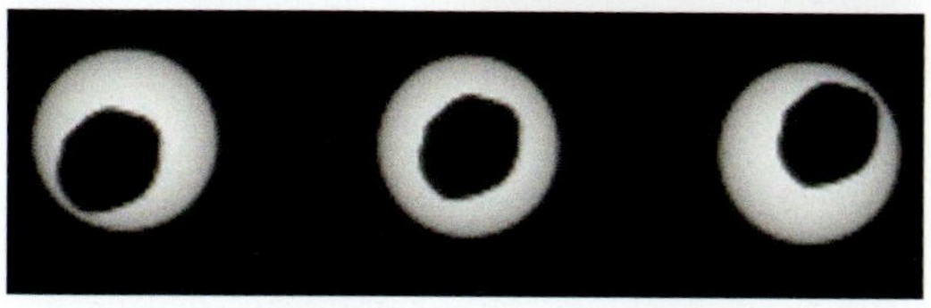

Zusammenfassung

Kompetenzen

1. Eine Skizze anfertigen

Wenn du ein aussagekräftige Skizze anfertigen sollst, sind folgende Dinge sehr hilfreich:

- Reduziere das Bild auf das Wesentliche. Zeichne zweidimensional in Seitenansicht oder Draufsicht.
- Verwende – wo möglich – Symbole anstelle von realistischen Zeichnungen.
- Hebe das Wesentliche mit Farben hervor.

Inhalte

2. Geradlinige Ausbreitung des Lichts

Licht breitet sich in Luft geradlinig aus.

3. Lichtsender

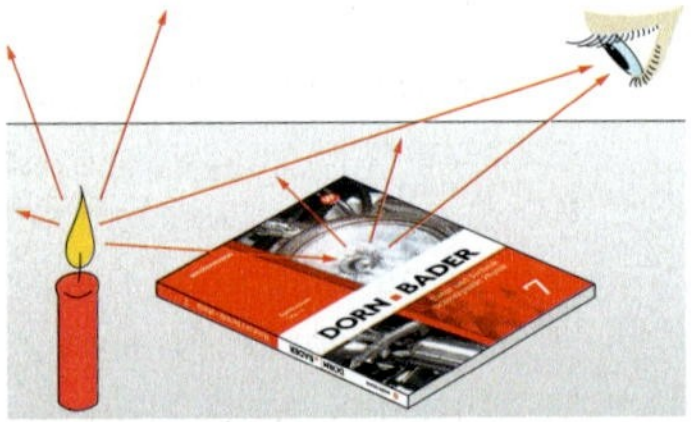

Lichtquellen erzeugen Licht und senden es aus. Die wichtigste natürliche Lichtquelle ist die Sonne. Andere Gegenstände lenken das Licht, mit dem sie beleuchtet werden, ganz oder teilweise um. Sie werden so zum Lichtsender.

4. Sehen heißt Licht empfangen

Der Sehvorgang funktioniert nur, wenn Licht in unser Auge fällt. Das Auge ist ein Lichtempfänger. Das Licht kann von einer Lichtquelle oder einem beleuchteten Gegenstand stammen.

5. Absorption, Reflexion und Streuung

An der Oberfläche von Gegenständen wird ein Teil des Lichts vom Gegenstand „verschluckt" (Absorption). Daneben kann ein Teil des Lichts in alle Richtungen der Umgebung umgelenkt werden (Streuung). An besonders glatten Oberflächen wird das eintreffende Licht zum größten Teil in eine bestimmte Richtung gelenkt (Reflexion).

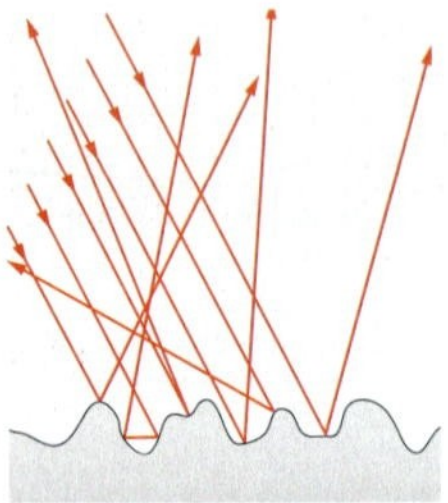

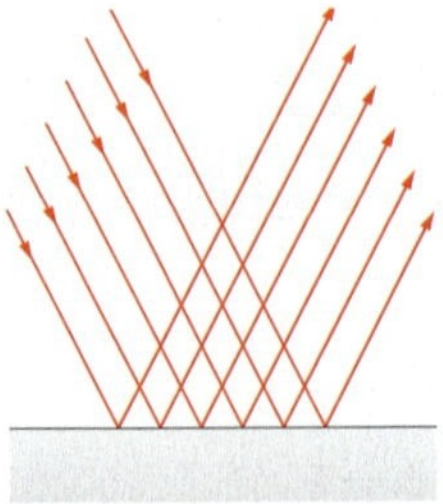

6. Farben beleuchteter Gegenstände

Beleuchtete Gegenstände erscheinen uns nur dann in den gewohnten Farben, wenn sie mit weißem Licht beleuchtet werden. In weißem Licht sind alle Farbanteile enthalten. Die Farbe, in der du einen Gegenstand in weißem Licht wahrnimmst, entsteht durch die Farbanteile des Lichts, die gestreut oder reflektiert werden.

7. Schattenbilder

Trifft das Licht einer Lichtquelle auf einen undurchsichtigen Gegenstand, dann entsteht dahinter ein Schattenbereich. Die Abstände zwischen Lichtquelle, Gegenstand und Schirm bestimmen die Größe des Schattens.

8. Kernschatten, Halbschatten, Übergangsschatten

Durch zwei Lichtquellen entstehen unterschiedliche Schattenbereiche: In den Halbschatten gelangt nur das Licht einer Lichtquelle. Der dunklere Kernschatten wird von keiner der Lichtquellen beleuchtet. Eine ausgedehnte Lichtquelle erzeugt einen Übergangsschatten. Die Schattenränder erscheinen dann unscharf.

9. Mondphasen

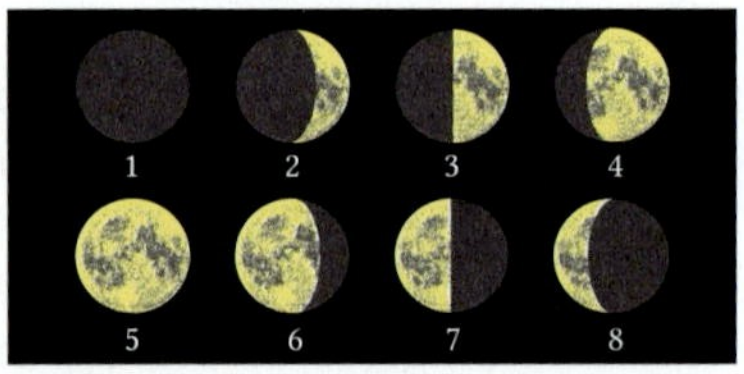

Die Mondphasen entstehen, weil der Mond um die Erde wandert. Dabei sehen wir von der Erde aus unterschiedliche Ausschnitte der Mondhälfte, die von der Sonne beschienen wird.

10. Mond- und Sonnenfinsternis

Bei einer Mondfinsternis fällt der Schatten der Erde auf den Mond.

Bei einer Sonnenfinsternis fällt der Schatten des Mondes auf einen kleinen Bereich der Erde. Personen, die sich in diesem Schattenbereich befinden, sehen eine Sonnenfinsternis.

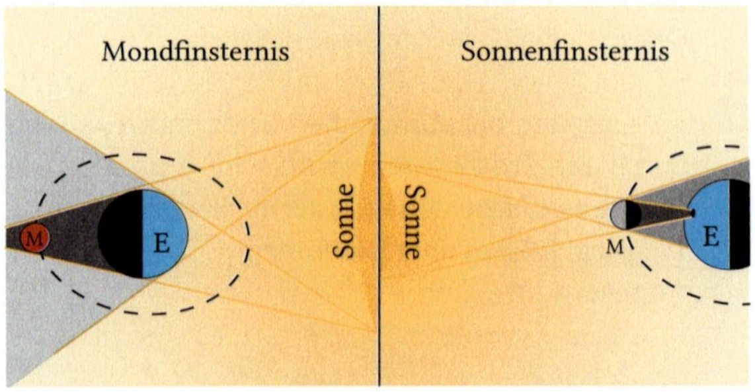

Aufgaben mit Lösungen

1 Erkläre, dass man ein weißes Blatt Papier in einem vollkommen dunklen Raum nicht sehen kann.

2 Erkläre folgende Situationen jeweils mithilfe von Skizzen und den Begriffen Streuung und Reflexion:
a) Nachts erscheint eine nasse Straße im Licht der eigenen Fahrradlampe dunkler als eine trockene Straße. Dafür blenden die Scheinwerfer des Gegenverkehrs stärker. Argumentiere dabei mit der Rauigkeit des Straßenbelags.
b) Das Foto zeigt links verwitterten Lack neben einer polierten Lackfläche.

3 Eine Sängerin auf einer Bühne wird abwechselnd mit einem grünen und einem roten Scheinwerfer angestrahlt. Gib an, welche Farbe das Kleid der Sängerin haben sollte, damit die Lichtfarben voll zur Geltung kommen und begründe deine Empfehlung.

4 In einem Experiment sollen farbige Schatten wie im Foto erzeugt werden. Fertige eine dazu passende Versuchsskizze an und erkläre, wie das Experiment aufgebaut werden muss.

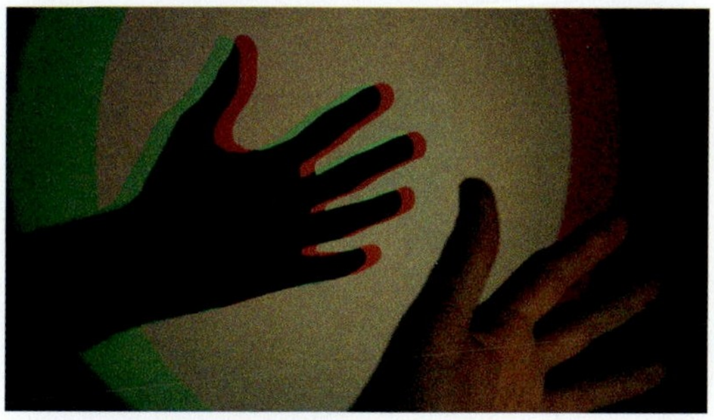

5 Im Versuch **V2**, Seite 46, vergrößert sich der Schatten eines Gegenstandes auf dem Schirm, wenn man ihn näher zur Lichtquelle bringt.
a) Erkläre, wie sich der Schatten vergrößern lässt, ohne den Gegenstand zu bewegen.
b) Finde heraus, ob der Schatten auch kleiner als der Gegenstand werden kann. Begründe deine Meinung physikalisch.

6 Die Menschen auf dem Foto sitzen im Schatten. Auf direktem Weg kann also kein Licht von der Sonne sie beleuchten. Erläutere, weshalb man sie trotzdem sehen kann.

7 a) Abends werden die Schatten länger. Erkläre die Aussage anhand einer aussagekräftigen Skizze.
b) Erkläre, weshalb der von der Sonne verursachte Schatten des Baumes (Bild rechts) vom Stamm zur Krone immer unschärfer wird.

c) Mit einer Sonnenuhr wie im Bild kann man an sonnigen Tagen die Uhrzeit bestimmen. Recherchiere, wie so eine Uhr funktioniert. Notiere die wichtigsten Informationen für einen kurzen Vortrag vor der Klasse.

8 Die Bilder stellen verschiedene Mondphasen dar.

a) Bringe sie in die richtige zeitliche Reihenfolge.
b) Begründe, dass man am Halbmond erkennen kann, dass nicht der Schatten der Erde für die Mondphasen verantwortlich ist.

Elektrische Stromkreise

Elektrische Phänomene sind schon lange bekannt. Die Griechen der Antike wussten zum Beispiel, dass man Bernstein elektrisch aufladen kann. Da Bernstein im Griechischen ηλεκτρον – „ēlektron“ heißt, war diese Beobachtung namensgebend für die Elektrizität.

Heutzutage ist ein Leben ohne Elektrizität nicht vorstellbar. Kochen, fernsehen, telefonieren, heizen, abends lesen, Computer, Internet – all dies wäre nur schwer oder gar nicht möglich.

3

Das erwartet dich in diesem Kapitel:

- Du lernst die elektrischen Ladungsarten kennen und kannst damit verschiedene Phänomene erklären.
- Du lernst, wie man sich in einem Modell den Aufbau der Atome vorstellt.
- Du erfährst, wie ein Stromkreis aufgebaut ist und dass sich darin elektrische Ladungen bewegen.
- Du nutzt ein Simulationsprogramm, um elektrische Schaltungen zu planen und zu testen.
- Du lernst die Wirkungen des elektrischen Stroms kennen.
- Du entnimmst Informationen aus Sachtexten und formulierst eigene Zusammenfassungen.

3.1 Elektrische Ladungen

B1 *Elektrische Ladungen sorgen dafür, dass die Haare zu Berge stehen.*

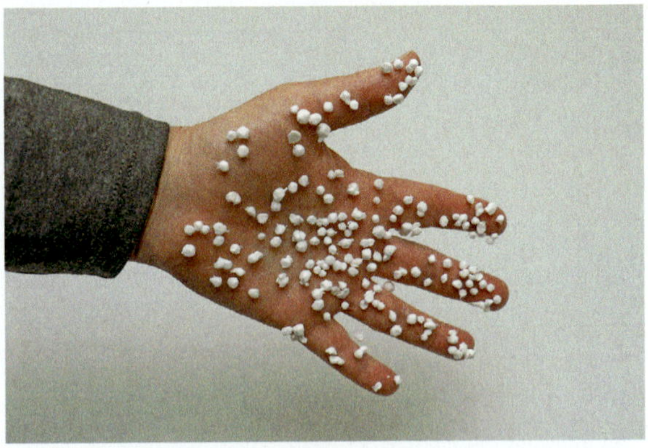

B2 *Verpackungsmaterial aus Polystyrol bleibt aufgrund von elektrischen Ladungen überall haften.*

Ladung gibt es von Natur aus. In Bild **B1** ist Elena eine Kunststoffrutsche hinuntergerutscht – nun stehen ihr die Haare zu Berge. Vielleicht hast du auch schon einmal beobachtet, dass kleine Polystyrolteile an anderen Gegenständen „kleben" bleiben wie in Bild **B2**. Auch wenn du Müsli aus einer Kunststoffverpackung ausschüttest, bleiben häufig kleine Brösel an der Folie hängen. All das hat damit zu tun, dass etwas „elektrisch aufgeladen" wurde. Welche Regeln dabei eine Rolle spielen, untersuchen wir in Versuch **V1**.

Die beiden Luftballons wurden am gleichen Stück Stoff gerieben. Im Versuch **V1a** stoßen sie sich nun an den geriebenen Stellen gegenseitig ab. Das Stoffstück hingegen zieht in Versuch **V1b** den gelben Luftballon an. Du kannst den Versuch fortsetzen und eine erste Vermutung formulieren: Ziehen sich der zweite Luftballon und das Tuch an oder stoßen sie sich ab, wenn du sie einander näherst? Stimmt deine Beobachtung mit deiner Vorhersage überein?

Wir nennen den Zustand, in dem sich die Luftballons und das Tuch nach dem Reiben befinden, **elektrisch geladen** oder kurz: geladen. Nachdem im Versuch sowohl Anziehung als auch Abstoßung beobachtet werden, kann es nicht nur eine einzige Art von „geladen sein" geben. Da beide Luftballons vom Stofftuch angezogen werden, müssen sie gleich geladen sein. Luftballons und Stoffstück müssen dagegen verschieden geladen sein. Der Naturforscher Georg Christoph LICHTENBERG (1742–1799) führte dafür als Erster die Bezeichnung positive und negative Elektrizität ein. Wir unterscheiden daher **positiv geladen** und **negativ geladen** und sprechen von **positiven** und **negativen Ladungen**.

! Merksatz

Wenn zwei Materialien aneinander gerieben werden, können sie sich elektrisch aufladen. Es gibt zwei Sorten von elektrischer Ladung. Man nennt sie positive Ladung und negative Ladung.

V1 Schülerversuch: Anziehung und Abstoßung

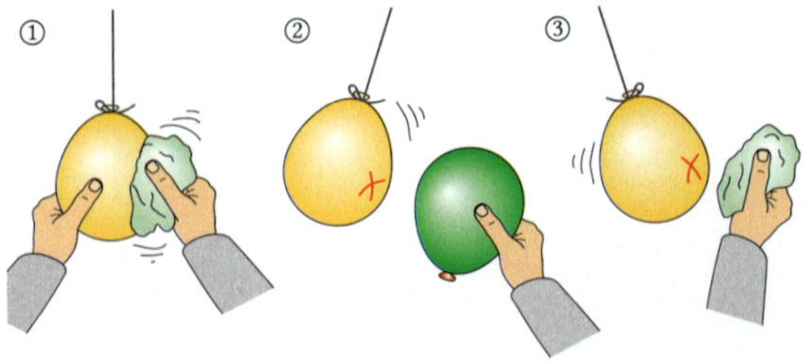

Material: Zwei Luftballons (hier grün und gelb), einen Faden zum Aufhängen, ein Stück Stoff (Tuch aus Wolle, Seide oder Kunstfaser), ein Folienstift

Vorbereitung: Blase beide Luftballons auf. Hänge einen von ihnen (hier: den gelben) frei an dem Faden auf. Reibe diesen Luftballon kräftig mit dem Tuch (Bild ①). Markiere die geriebene Stelle mit dem Folienstift. Genauso machst du es mit dem zweiten Luftballon.

Durchführung:

a) Nähere die markierten Stellen der beiden Luftballons einander an (Bild ②).

b) Nähere das Tuch an die markierte Stelle des gelben Luftballons an (Bild ③).

Beschreibe deine Beobachtungen.

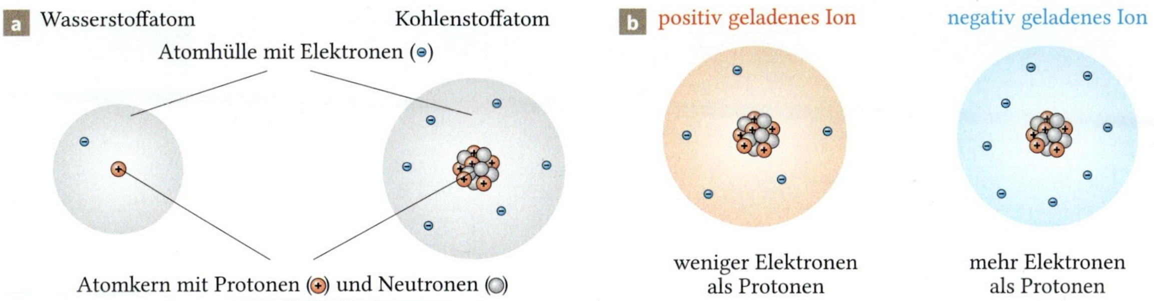

B3 *So kannst du dir a) ein Wasserstoff-Atom und ein Kohlenstoff-Atom, b) ein positiv und ein negativ geladenes Ion vorstellen.*

Ladung kommt von den Atomen. Es gibt in der Natur und im Alltag viele verschiedene Materialien. Sie sind aus **Atomen** von einem oder mehreren der etwa 100 existierenden **Elemente** aufgebaut. Elemente sind z. B. Wasserstoff, Kohlenstoff, Sauerstoff, Kupfer. Atome eines Elements sind gleichartig aufgebaut und unterscheiden sich von Atomen anderer Elemente.

Der Begriff „Atom" kommt vom griechischen ατομος (atomos) und bedeutet unteilbar. Man glaubte früher, dass sie die kleinsten Bausteine der Materie sind. Heute wissen wir: Es gibt einen sehr kleinen **Atomkern**, der aus *positiv geladenen* **Protonen** und *ungeladenen* **Neutronen** besteht. Er ist von einer **Atomhülle** umgeben, die du dir wie eine Wolke aus *negativ geladenen* **Elektronen** vorstellen kannst. Sie kann wie Wetterwolken auch verschiedene Formen annehmen. Zur Vereinfachung zeichnen wir sie hier als Kugeln (Bild **B3a**).

Das Wasserstoffatom besteht als einfachstes Atom nur aus einem Proton und einem Elektron. Das nächstgrößere Heliumatom enthält zwei Protonen und meist zwei Neutronen im Kern sowie zwei Elektronen in der Hülle. Kohlenstoffatome setzen sich aus sechs Protonen, sechs Neutronen und sechs Elektronen zusammen. Ein Kupferatom enthält 29 Protonen, meistens 34 Neutronen und 29 Elektronen. Bei fast allen Atomen kann die Neutronenzahl etwas schwanken. Im **Periodensystem der Elemente** (siehe **Anhang**) sind alle Elemente u. a. nach der Anzahl der Protonen geordnet.

! Merksatz

Atome besitzen einen sehr kleinen, positiv geladenen Atomkern und eine negativ geladene Atomhülle. Der Atomkern besteht aus positiv geladenen Protonen und ungeladenen Neutronen. In der Atomhülle befinden sich negativ geladene Elektronen.

Neutrale Atome und geladene Ionen – Elektrisch neutrale Atome haben stets in der Hülle genauso viele Elektronen wie Protonen im Kern. Geladene Atome entstehen dadurch, dass aus der Atomhülle Elektronen entfernt oder hinzugefügt werden. Man nennt sie **Ionen**. Fügt man Elektronen in der Hülle hinzu, entsteht ein *negativ geladenes Ion*; nimmt man Elektronen weg, ergibt sich ein *positiv geladenes Ion* (siehe Bild **B3b**).

Alle Gegenstände bestehen aus einer Ansammlung von Atomen. Es gibt dabei Stoffe, bei denen sich die Elektronen *kaum bewegen* lassen – solche Stoffe benutzt man für elektrische **Isolierungen**. Bei anderen Materialien sind einige *Elektronen frei beweglich*, während sich der positiv geladene Rest – man nennt das Atomrumpf – nicht bewegt. Zu diesen Stoffen gehören die **Metalle** (siehe Bild **B4**).

! Merksatz

Im neutralen Atom befinden sich genauso viele Elektronen in der Hülle wie Protonen im Kern. Sind Elektronen- und Protonenzahl unterschiedlich, spricht man von einem Ion. Ein positiv geladenes Ion besitzt weniger Elektronen als Protonen. Beim negativ geladenen Ion ist es umgekehrt.

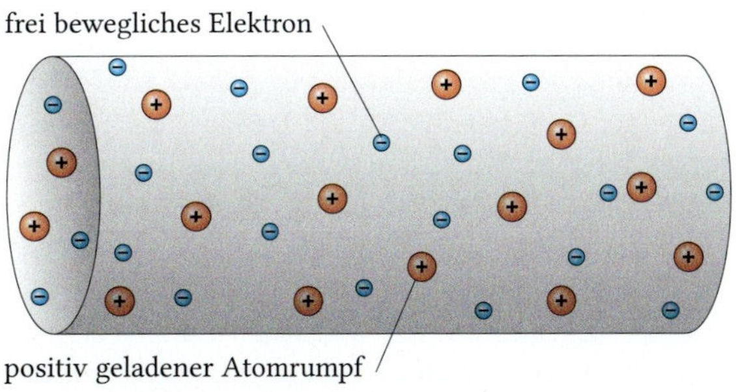

B4 *In Metallen gibt es frei bewegliche Elektronen.*

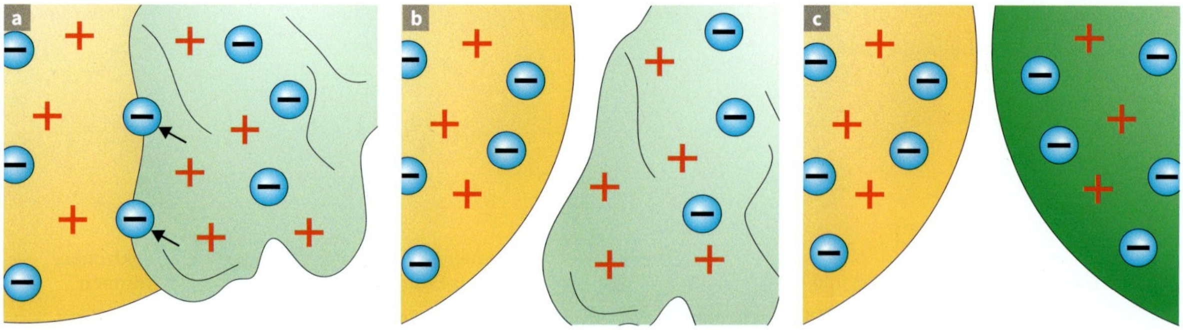

B1 *a) Beim Reiben wechseln Elektronen von den Atomen im Tuch zum Luftballon über. Der Ballon wird negativ geladen, das Tuch positiv. b) Ballon und Tuch sind ungleichnamig geladen und ziehen sich an. c) Die gleichnamig geladenen Luftballons stoßen sich ab.*

Wie wird ein Gegenstand geladen? Reibst du mit einem Stofftuch an der Ballonhaut, so wechseln Elektronen z. B. von den Atomen im Tuch zu den Atomen des Luftballons über (Bild **B1a**). So gibt es beim gelben Luftballon mehr Elektronen als Protonen (*Elektronenüberschuss*), der Ballon ist *negativ geladen*. Diese Elektronen fehlen dem Tuch, es besteht ein *Elektronenmangel* – das Tuch ist *positiv geladen*. Man nennt diesen Vorgang **Reibungselektrizität**.

Ziehst du Ballon und Tuch auseinander, spürst du, wie sie sich wegen der ungleichnamigen Ladung gegenseitig anziehen (Bild **B1b**). Die Ladungsverteilung könnte auch umgekehrt sein. Das spielt aber für unsere Beobachtung keine Rolle: Ungleichnamige Ladungen ziehen sich auf jeden Fall an (siehe Seite 64, Versuch **V1**). Die beiden Luftballons in Bild **B1c** hingegen stoßen sich ab, da sie gleichnamig geladen sind.

! Merksatz

Ein Gegenstand mit Elektronenüberschuss ist negativ geladen, bei Elektronenmangel ist er positiv geladen. Zwei gleichnamig geladene Gegenstände stoßen sich gegenseitig ab. Sind sie ungleichnamig geladen, ziehen sie sich gegenseitig an.

Woran erkennt man geladene Gegenstände? Dafür gibt es ein einfaches Gerät, das **Elektroskop** (Bild **B2**, **Forsche selbst**). Mit ihm lässt sich leicht nachweisen, ob ein Gegenstand geladen ist. Es besteht aus einem Metallgehäuse, in dem ein Metallstab elektrisch isoliert befestigt ist. *Isoliert* bedeutet hier, dass sich die Elektronen nicht vom Gehäuse zum Metallstab bewegen können oder umgekehrt. Am Stab ist eine Kugel (Kopf) und ein leicht beweglicher Zeiger aus Aluminium angebracht.

Berührst du den Kopf des Elektroskops mit dem geladenen Luftballon aus Bild **B1b**, wandert ein Teil der überschüssigen Elektronen über den Metallstab auf den Zeiger, weil sich die negativ geladenen Elektronen gegenseitig abstoßen. Metallstab und Zeiger tragen danach jeweils eine negative Ladung – sie sind also gleichnamig geladen. Bild **B2** zeigt, wie sich die überschüssigen Elektronen auf Zeiger und Metallstab verteilen. Aufgrund der gleichnamigen Ladung wird nun der bewegliche Zeiger vom Metallstab weggedrückt.

Berührt man den Kopf des Elektroskops mit dem Tuch, geht der Zeigerausschlag wieder zurück. Der Elektronenüberschuss beim Ballon und der gleich große Elektronenmangel beim Tuch gleichen sich aus.

! Merksatz

Bringt man ungleichnamige Ladungen in gleichen Mengen zusammen, so üben sie nach außen hin keine Wirkungen mehr aus. Der Gegenstand wirkt dann elektrisch neutral.

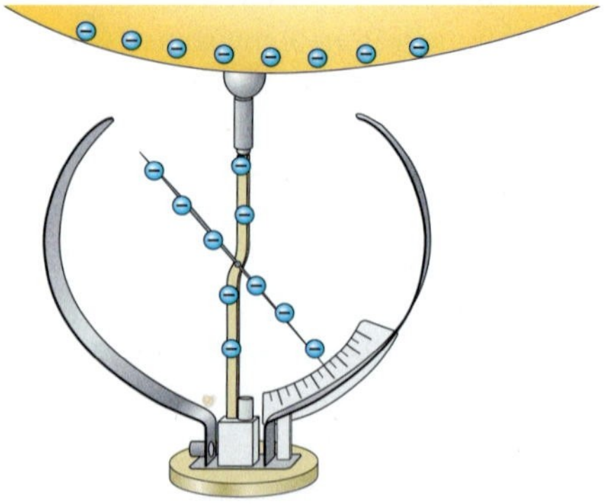

B2 *Ladungsverteilung bei einem Elektroskop nach Berührung mit dem Luftballon*

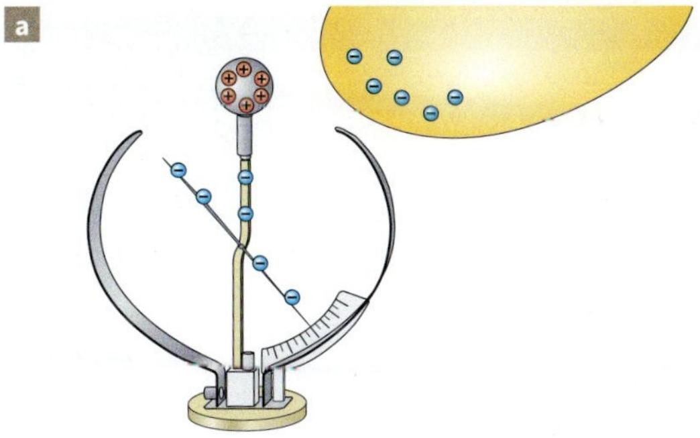

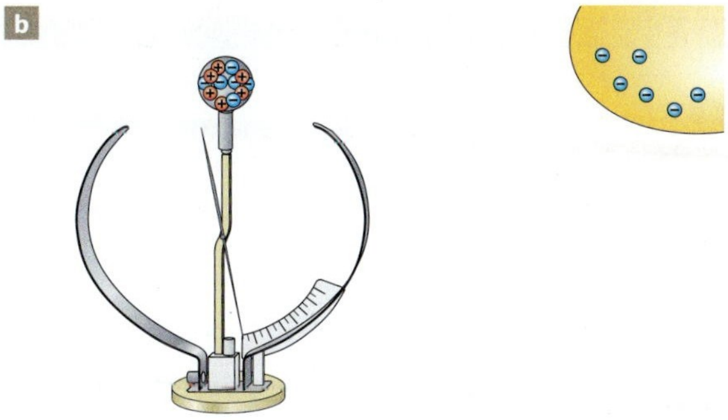

B3 *a) Durch Annäherung des geladenen Luftballons werden Elektronen in den Metallstab und den Zeiger gedrückt. b) Der Ausschlag verschwindet wieder, weil sich die Ladungen nach dem Entfernen wieder gleichmäßig verteilen können.*

Influenz – Vielleicht ist dir aufgefallen, dass der Zeiger des Elektroskops schon ausschlägt, wenn du den Luftballon nur in die Nähe des Elektroskopkopfs bringst, ohne ihn zu berühren (Bild **B3**). Entfernst du den Ballon, geht der Ausschlag wieder zurück. Das Elektroskop zeigt also eine Ladung an, obwohl noch keine Ladung vom Luftballon auf das Elektroskop übergegangen ist. Diese überraschende Erscheinung heißt **Influenz**.

Der Effekt lässt sich so erklären: Die negative Ladung des Ballons wirkt auch ohne Berührung abstoßend auf die Elektronen im Kopf und im Metallstab. Die Elektronen werden daher vom Kopf in den unteren Teil des Stabs und in den Zeiger gedrückt. Dort besteht nun ein Elektronenüberschuss – der Zeiger schlägt aus. Im Kopf des Elektroskops besteht ein Elektronenmangel, er ist positiv geladen (Bild **B3a**). Beim Entfernen des Luftballons fällt die abstoßende Wirkung weg. Die überschüssigen Elektronen wandern vom Zeiger wieder zurück, da der positiv geladene Kopf sie anzieht (Bild **B3b**).

Diesen und ähnliche Versuche kannst du mit einem selbstgebauten Elektroskop (**Forsche selbst**) durchführen. Orientiere dich dazu an den Arbeitsaufträgen.

Forsche selbst: Selbstbau eines Elektroskops

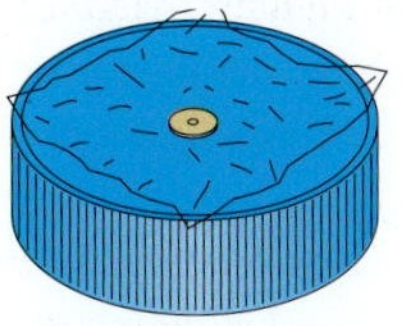

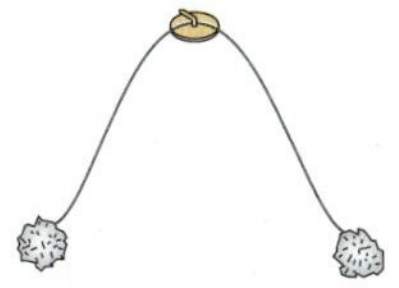

Material: Glas mit Kunststoffdeckel, Reißnagel und Alufolie, Flachzange, Schere, dünner Zwirnsfaden, Alles- oder Heißkleber, verschiedene Gegenstände zum Reiben, Tuch aus Wolle, Seide oder Kunstfaser
Vorbereitung: Lege ein Stück Alufolie (ca. 6 cm × 6 cm) auf den Deckel. Drücke nun den Reißnagel durch die Deckelmitte. Biege seine Spitze mit der Flachzange so um, dass ein Haken entsteht. Drehe die Alufolie zu einer Spitze zusammen. Forme zudem zwei kleine Kügelchen aus Alufolie und verklebe sie mit den Enden des dünnen Zwirnsfadens (Bild oben).
Hänge den Faden mit den Kügelchen mittig an dem Reißnagelhaken auf. Nun musst du nur noch den Deckel auf das Glas schrauben. Dein selbstgebautes Elektroskop ist nun fertig (Bild rechts).

Arbeitsaufträge:
Fertige jeweils ein Versuchsprotokoll an.
a) Lade Gegenstände wie Kugelschreiber, Lineale, Kämme u. ä. durch Reiben mit dem Tuch elektrisch auf. Streife sie an der Aluspitze des Elektroskops ab.
b) Wiederhole a), indem du den geladenen Gegenstand nur annäherst, ohne die Spitze zu berühren.
c) Suche Gegenstände (z. B. in der Küche), die sich nicht aufladen lassen. Aus welchen Materialien bestehen sie?

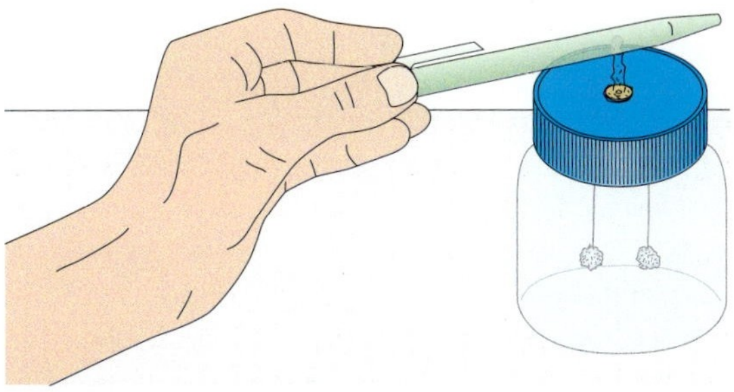

Löse selbst

1 **Heimexperiment:** Du benötigst zwei gleichartige Stücke Kunststofffolie und ein Stück Stoff.
a) Reibe eine Folie mit dem Stoffstück. Beobachte, wie sie sich anschließend gegenseitig anziehen. Erkläre mithilfe von Skizzen, wie das Aufladen abläuft.
b) Erkläre, wie du vorgehst um beide Folien gleich aufzuladen. Beschreibe, wie du das überprüfst.

2 Begründe in einem Satz, wie sich das kleine negativ geladene Kügelchen bewegt, wenn man die große positiv geladene Kugel von links annähert.

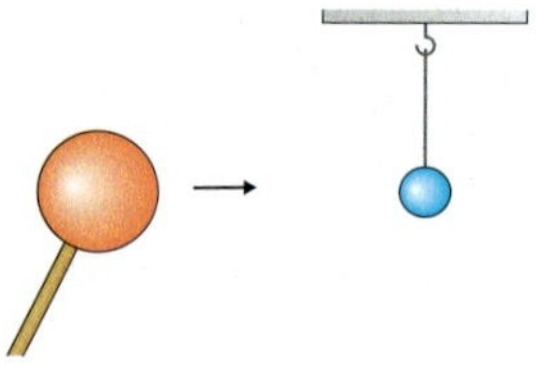

3 Du findest drei geladene Luftballons ① bis ③ vor. Du stellst fest, dass sich ① und ② abstoßen, aber ② und ③ anziehen.

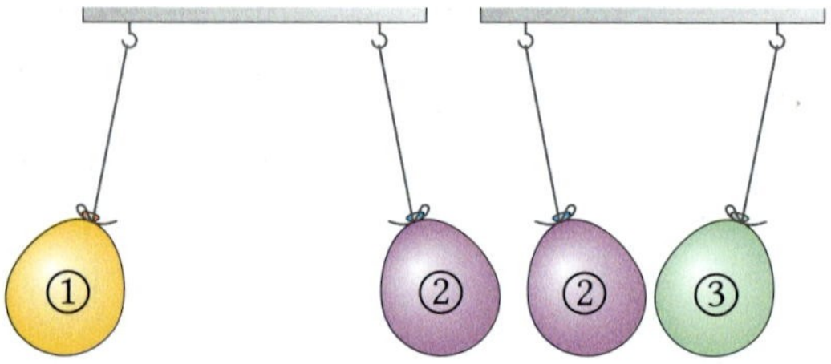

a) Begründe, welcher Ballon positiv, welcher negativ geladen ist. Hast du an alle Möglichkeiten gedacht?
b) Begründe mit diesem Experiment, warum es zwei verschiedene Ladungsarten geben muss.

4 Du kämmst dich mit einem Kunststoffkamm. Danach scheinen die Haare am Kamm zu kleben. Erkläre.

5 Begründe, welche der Bilder neutrale Atome und welche positive bzw. negative Ionen darstellen.

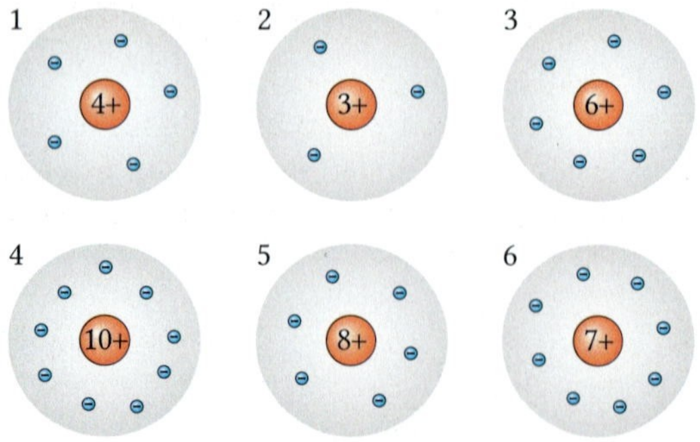

6 Überlege und begründe, welche der folgenden Aussagen wahr oder falsch sind:
a) Die negative Ladung sitzt im Atomkern.
b) Ein negativ geladenes Ion enthält mehr negative als positive Ladungen.
c) Bei einem Ion sind 12 Protonen und 14 Elektronen vorhanden. Das Ion ist deshalb positiv geladen.
d) Wenn ein Elektron ein Atom verlässt, dann entsteht ein positiv geladenes Ion.
e) Ein Wasserstoffatom kann nicht zum zweifach positiv geladenen Ion werden.
f) Von Heliumatomen kann es keine zweifach positiv geladenen Ionen geben.
g) Ein dreifach positiv geladenes Lithiumion besteht nur noch aus dem Atomkern.

7 Finde im Internet Informationen zum Periodensystem der Elemente. Benutze sie, um den Aufbau von Atomen bzw. Ionen wie in Bild **B3**, S. 65, zu zeichnen:
a) Stickstoffionen, die zweifach positiv bzw. dreifach negativ geladen sind;
b) neutrale Kohlenstoffatome;
c) doppelt negativ geladene Sauerstoffionen.

8 Ein bestimmtes Element ist eindeutig durch die Anzahl der Protonen im Atomkern festgelegt. Finde mit Hilfe des Periodensystems der Elemente heraus,
a) wie viele Protonen sich im Atomkern eines Goldatoms befinden;
b) bei welchem Element die Atome 92 Protonen enthalten;
c) bei welchem Element das neutrale Atom 92 Elektronen in der Hülle hat;
d) bei welchem Element ein zweifach positiv geladenes Ion 80 Elektronen in der Hülle hat.

9 Überlege und begründe, was du aus der Protonenzahl eines Elements noch ablesen kannst.

10 Ein Elektroskop dient dazu, elektrische Ladungen nachzuweisen.
a) Beschreibe seine Funktionsweise anhand einer Skizze.
b) Kann man mit ihm positive Ladungen von negativen Ladungen unterscheiden? Begründe deine Antwort.
c) Beschreibe zwei Möglichkeiten, wie es zu einem Zeigerausschlag kommen kann.

Löse selbst

11 Ein Elektroskop wurde mit einer bestimmten negativen Ladungsmenge aufgeladen. Der Zeiger hat dabei noch nicht den maximalen Ausschlag erreicht. Beschreibe, ob bzw. wie sich die Zeigerstellung ändert: Auf das Elektroskop kommt zusätzlich
a) eine gleich große negative Ladungsmenge;
b) eine gleich große positive Ladungsmenge;
c) eine doppelt so große positive Ladungsmenge.

12 Man stellt eine brennende Kerze zwischen zwei Metallplatten, die ungleichnamig aufgeladen sind. Die Flamme, die aus leuchtenden Gas- und Rußteilchen besteht, wird dann zur Seite abgelenkt (siehe Foto).

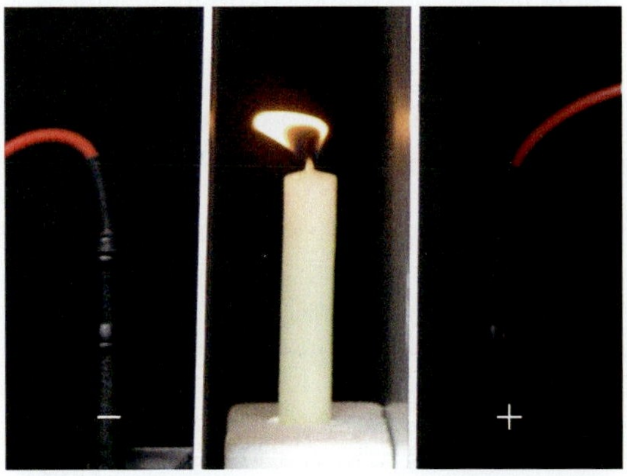

a) Erkläre den Versuch mithilfe von Skizzen.
b) Begründe, welche Veränderung du erwartest, wenn man die geladenen Metallplatten vertauscht.
c) Auf der Seite, zu der es die Flamme hinzieht, schlägt sich nach einiger Zeit schwarzer Ruß nieder. Erkläre, welche Folgerung sich daraus für die Rußteilchen ergibt.

13 **Heimexperiment:** Reibe einen Luftballon kräftig mit einem Tuch. Drücke ihn dann mit der geriebenen Stelle an die Wand oder die Decke deines Zimmers und lasse ihn anschließend los.
Erstelle ein Versuchsprotokoll. Erkläre darin auch mithilfe des Begriffs Influenz, warum er an der Wand bzw. der Decke „kleben“ bleibt.

14 Lade einen Kunststofflöffel durch Reiben an einem Tuch oder deinem Pullover auf. Nähere ihn dann vorsichtig und langsam einem Tischtennisball an, bis dieser anfängt zu rollen. Erkläre, warum der Tischtennisball vom Kunststofflöffel angezogen wird.

15 **Heimexperiment:** Elektrische Materialtrennung

a) Mische etwas Salz und Pfeffer. Lade einen Kunststofflöffel durch Reiben mit einem Woll- oder Seidentuch auf. Halte den geladenen Löffel knapp über die Salz-Pfeffer-Mischung. Erstelle ein Versuchsprotokoll und erkläre dein Ergebnis.
b) Untersuche auch andere Mischungen (z. B. Grieß mit Pfeffer, Grieß mit Salz usw.). Klappt die Methode immer? Halte deine Ergebnisse in einer Tabelle fest.

16 **Heimexperiment:** Lade ein Kunststofflineal (Kamm, Luftballon o. Ä.) auf. Halte es dann in die Nähe eines dünnen Wasserstrahls (siehe Foto).

a) Fertige ein Versuchsprotokoll an.
b) Notiere Gründe, warum der Wasserstrahl zum Lineal hingezogen wird. Recherchiere dazu auch im Internet, ob man diesen Vorgang alleine mit Influenz erklären kann.

17 Erkläre, warum manche Hersteller von Teppichböden kleine Metallfäden in das Material einweben.

3.2 Der elektrische Stromkreis

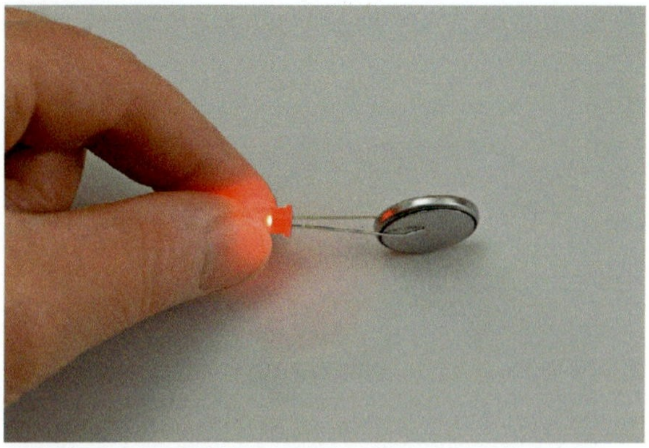

B1 *Mit einer Knopfzelle bringst du eine LED zum Leuchten.*

B2 *Auch die Glühlampe hat wie die Batterie zwei Anschlüsse.*

Der Umgang mit Elektrizität ist nicht immer ungefährlich. Beim Experimentieren must du daher unbedingt folgenden Gefahrenhinweis beachten:

⚠ Vorsicht Gefahr!

Führe Experimente nur mit einer Batterie oder mit einem speziellen Experimentiertrafo durch (in beiden Fällen bis maximal 24 Volt). Verwende für deine Versuche niemals die Steckdose!

Wann leuchtet eine Lampe? Um eine LED oder ein Glühlämpchen zum Leuchten zu bringen, müssen jeweils ihre beiden Anschlüsse mit den beiden Anschlüssen einer **Batterie** verbunden werden (Bild **B1** und **B2**). Bei einer **LED** sind die beiden Drähte die Anschlüsse. Bei einem **Glühlämpchen** sind die beiden Anschlüsse das Gewinde und der Kontaktpunkt am unteren Ende des Lämpchens. Bei einer Kleinbatterie (**Knopfzelle**) sind es Ober- und Unterseite; bei einer **Flachbatterie** sind es die beiden unterschiedlich langen Blechstreifen.

Die Anschlüsse von Batterien werden auch als **Pole** bezeichnet: Bei der Flachbatterie in Bild **B2** heißt der kurze Streifen **Pluspol** (+), der lange **Minuspol** (–).

Achtung: Die beiden Pole einer Batterie haben nichts mit magnetischen Polen zu tun. Pole nennt man Stellen mit besonderen Eigenschaften oder Gegensätzen.

Wenn die LED trotz Verbindung mit der Batterie nicht leuchtet und sie auch nicht defekt ist, muss man entweder die Anschlüsse der LED oder die der Knopfzelle vertauschen. Das nennt man **Umpolen**. Bei einer Glühlampe ist das nicht notwendig.

Den Stromkreis mit Leitungen schließen – Auch alle anderen **Elektrizitätsquellen** wie z. B. eine Autobatterie haben stets einen Plus- und einen Minuspol. Aber nur in den seltensten Fällen ist es möglich, die Pole der Elektrizitätsquelle direkt in Kontakt mit den Anschlüssen eines Lämpchens oder eines anderen elektrischen Bauteils zu bringen.
Oft ist das auch nicht sinnvoll: Denke nur an die Vorder- und Rücklichter eines Autos. Anstatt jede Lampe mit einer Batterie auszustatten, wird üblicherweise eine Elektrizitätsquelle (die Autobatterie) unter der Motorhaube des Autos eingebaut. Die Anschlüsse müssen somit bis zu den Lichtern verlängert werden.

Man benutzt dazu **elektrische Leitungen**. Das sind meist Kupferdrähte, die mit Kunststoff ummantelt sind. Im Auto lassen sich die Lichter zudem mit einem **Schalter** ein- und ausschalten. Oft schraubt man Lampen in **Fassungen** hinein, die innen zwei Anschlüsse besitzen. Richtig hineingeschraubt haben Gewinde und Kontaktpunkt der Lampe jeweils zu einem der Anschlüsse in der Fassung Kontakt. Eine Schaltung, wie sie z. B. Bild **B3** mit Batterie, Schalter, LED und einem weiteren Bauteil zeigt, nennt man einen **Stromkreis**.

B3 *Ein einfacher Stromkreis zum Ein- und Ausschalten*

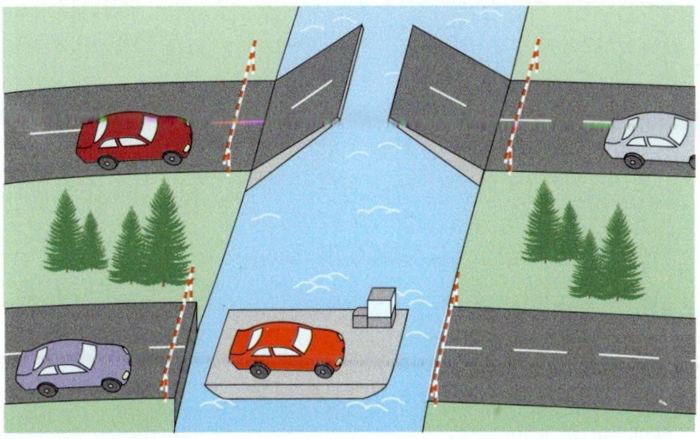

B4 *Ein Wasserkanal unterbricht eine Straße. Er kann entweder mit einer Brücke oder mit einer Autofähre überbrückt werden.*

Was hat ein Stromkreis mit elektrischen Ladungen zu tun? Damit ein elektrischer Strom die LED oder die Glühlampe zum Leuchten bringt, muss der Schalter geschlossen sein. Wir benötigen also dazu einen **geschlossenen elektrischen Stromkreis**. Dies ist ein Hinweis darauf, dass in einem Stromkreis eine „elektrische Substanz" strömt. Was könnte das sein?

Elektrische Leitungen bestehen sehr häufig aus einem ummantelten Draht aus dem Metall Kupfer. In Metallen gibt es frei bewegliche geladene Teilchen: die negativ geladenen Elektronen (siehe Bild **B5**). Diese Ladungen brauchen einen Weg, auf dem sie z.B. vom Minuspol zum Pluspol einer Batterie gelangen können.

Was es damit in einem Stromkreis auf sich hat, können wir durch den Vergleich mit einer Straße verstehen, die von einem Kanal unterbrochen ist (Bild **B4**). Gibt es keine Möglichkeit den Kanal zu überqueren, können die Autos nicht weiter fahren. Die *Straße* stellt in diesem **Modell** die elektrischen *Leitungen* dar, die *Autos* stehen für die frei beweglichen *Elektronen*, der *Kanal* bedeutet eine *Lücke* zwischen den Leitungen. Ein Stromkreis wäre hier nicht geschlossen; das Lämpchen leuchtet nicht.

Eine Fähre würde zwar einzelne Autos über den Kanal bringen, aber der Verkehrsfluss wäre immer wieder unterbrochen. Um einen stetigen Verkehrsfluss aufrecht erhalten zu können, braucht man eine Brücke. Im Stromkreis ist der *Schalter* wie eine *Hebebrücke*. Wenn diese abgesenkt ist (der Schalter im Stromkreis ist geschlossen), kann der Verkehr fließen. Eine angehobene Hebebrücke entspricht dann einem geöffneten Schalter im Stromkreis; der Ladungsfluss ist unterbrochen.

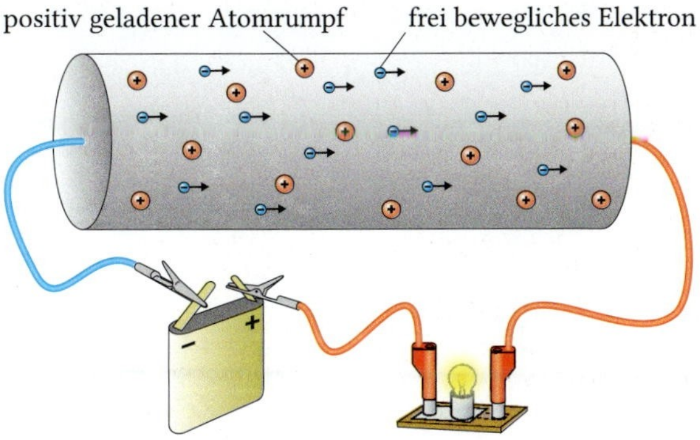

B5 *Die Batterie sorgt dafür, dass sich die Elektronen (blau) zwischen den Atomrümpfen (rot) in eine Richtung bewegen.*

Wie bringt man Ladungen zum Fließen? Gleichnamige Ladungen stoßen sich ab, ungleichnamige Ladungen ziehen sich an. Das nutzt man, um z.B. die frei beweglichen Elektronen in Metallen anzutreiben. Bild **B5** zeigt vergrößert ein Stück Metalldraht. Links ist daran der Minuspol und rechts der Pluspol der Elektrizitätsquelle angeschlossen. Die Elektronen werden vom Minuspol weggedrückt und zum Pluspol hingezogen. Sie fließen im Drahtstück von links nach rechts. Polt man um, geht der Elektronenfluss von rechts nach links (Bild **B6**). Materialien, in denen Ladungen fließen können, wenn man sie an eine Elektrizitätsquelle anschließt, nennt man **elektrische Leiter**. Bei einer LED spielt die Fließrichtung der Ladungen eine Rolle, damit sie leuchtet; deshalb muss man eventuell umpolen. Bei einer Glühlampe ist das nicht der Fall.

! Merksatz

Elektrischer Strom bedeutet, dass elektrische Ladungen fließen. In Metallen sind es die negativ geladenen Elektronen. Damit sie fließen können, muss der Stromkreis geschlossen sein. Die Polung der Elektrizitätsquelle bestimmt die Fließrichtung.

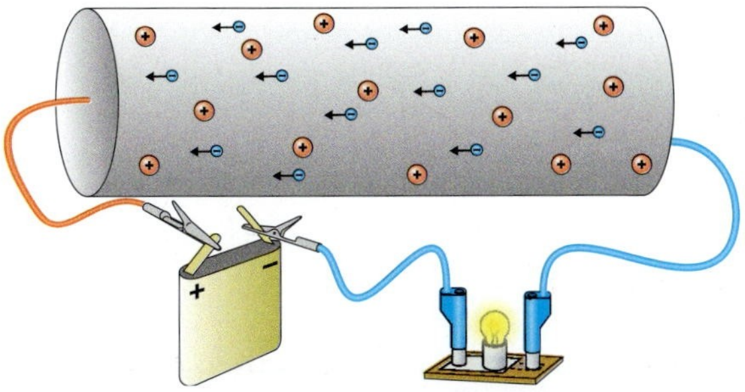

B6 *Ändert sich die Polung, so ändert sich die Fließrichtung*

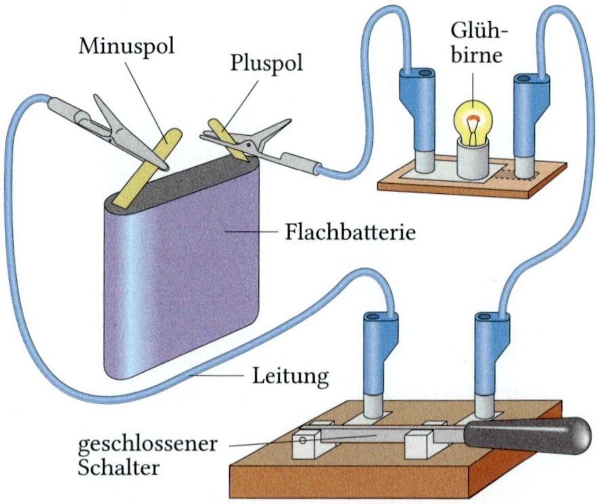

B1 *Ein Stromkreis mit Batterie, Schalter, Lämpchen und Leitungen*

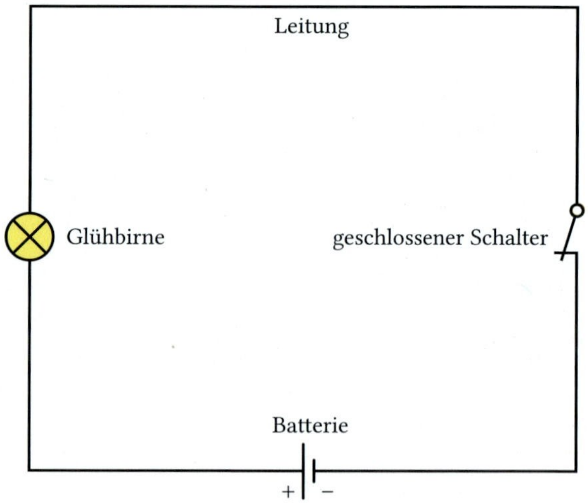

B2 *Ein Schaltplan für den Stromkreis von Bild* ***B1***

Der Stromkreis wird eckig gezeichnet. Elektrische Schaltungen lassen sich oft gar nicht so leicht zeichnen. Man hat deshalb zur Vereinfachung gewisse Symbole vereinbart, die man **Schaltzeichen** nennt (siehe auch Kapitel 2.2, **Kompetenz: Physikalische Zeichnungen**).

Beispielsweise zeichnet man Leitungen als gerade Linien gezeichnet, die im rechten Winkel zueinander verlaufen – egal welche Kurven sie wirklich machen. So wird die Anordnung viel übersichtlicher. Diese schematische Zeichnung eines Stromkreises heißt **Schaltplan**.

Für den Schaltplan unseres Stromkreises zeichnet man eine Glühlampe (-⊗-), einen offenen Schalter (—o⁄—) und einen geschlossenen Schalter (—o—). Beim Zeichen für eine Batterie (—+|–—) stellt der lange Strich den Pluspol dar, der kurze den Minuspol. Eine Auswahl von Schaltzeichen findest du in Tabelle **T1** und im Anhang.

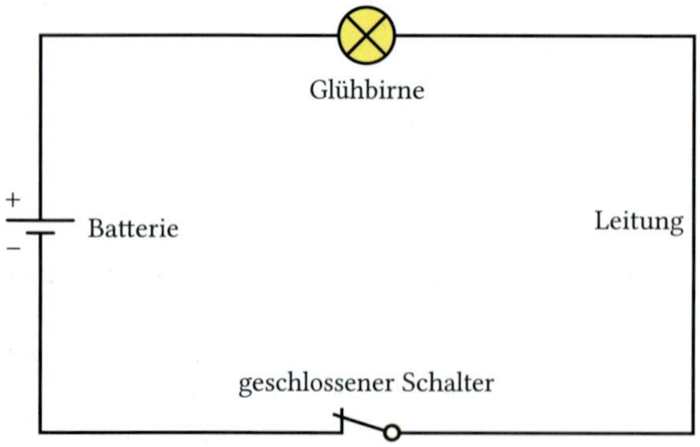

B3 *Auch dieser Schaltplan stellt den Stromkreis von Bild* ***B1*** *dar.*

Bild **B2** und Bild **B3** zeigen gleichwertige Schaltpläne für den Stromkreis aus Bild **B1**. Bei beiden ist deutlich zu sehen, dass die Leitungen mit der Batterie, dem Lämpchen und dem Schalter einen geschlossenen Stromkreis bilden. Besteht ein Stromkreis wie in diesen Bildern nur aus einer Elektrizitätsquelle und einem Bauteil, so spricht man von einem **einfachen elektrischen Stromkreis**. Meistens enthält er auch einen Schalter.

! Merksatz

Ein elektrischer Stromkreis wird durch elektrische Leitungen geschlossen. Er enthält mindestens eine Elektrizitätsquelle und ein elektrisches Bauteil (einfacher elektrischer Stromkreis).

Es gibt natürlich außer einfachen Stromkreisen auch andere. In Bild **B4** siehst du **verzweigte Stromkreise** mit mehreren Glühlämpchen. An den Verzweigungsstellen wird jeweils ein etwas dickerer Punkt gezeichnet.

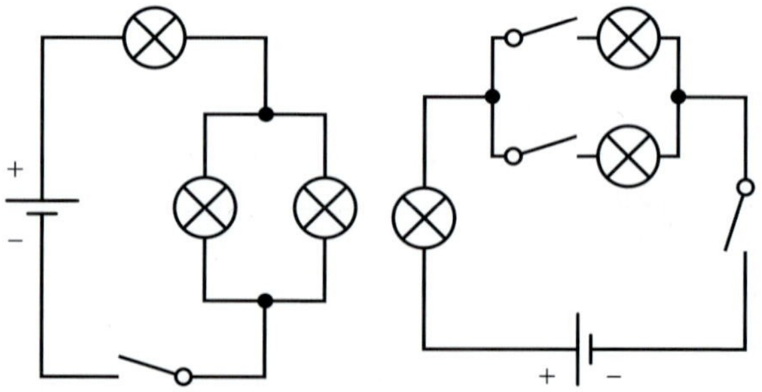

B4 *Verschiedene verzweigte Stromkreise*

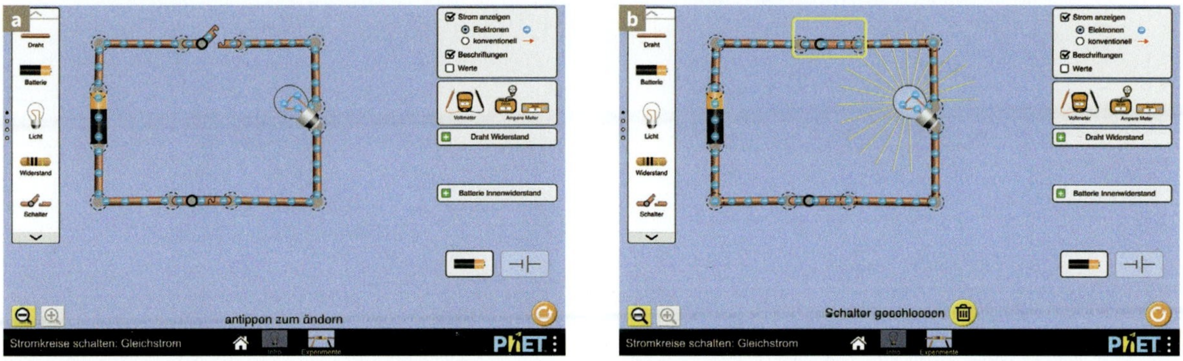

B5 *Ein einfacher Stromkreis in einem Simulationsprogramm. a) Der Stromkreis ist unterbrochen. b) Der Stromkreis ist geschlossen.*

Mit Simulationen Problemlösungen finden – Es kann von Vorteil sein, die Funktionsweise eines Stromkreises zu simulieren, bevor du ihn aufbaust und an ihm experimentierst. Dazu benötigst du einen Computer, ein Tablet oder ein Smartphone mit einem geeigneten **Simulationsprogramm**.

Solche Programme benutzen im Hintergrund die physikalischen Regeln für Stromkreise. Damit *berechnen* sie, wie der Stromkreis, den du in dem Programm zusammenbaust, funktioniert. Mit einem Simulationsprogramm kannst du z. B. *gefahrlos* testen, welche Bauteile du benötigst und wie du sie miteinander verbinden musst, um das gestellte Problem zu lösen.

Bezeichnung	Schaltzeichen	Bezeichnung	Schaltzeichen
Batterie 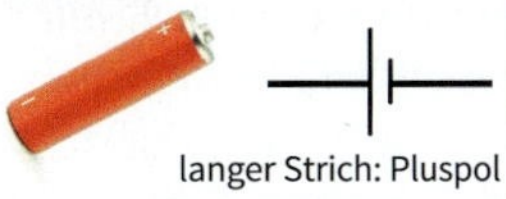 langer Strich: Pluspol kurzer Strich: Minuspol		**Wechselschalter** 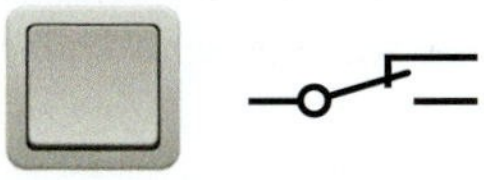	
Netzgerät 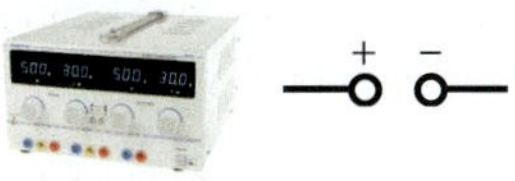		**Elektromotor** 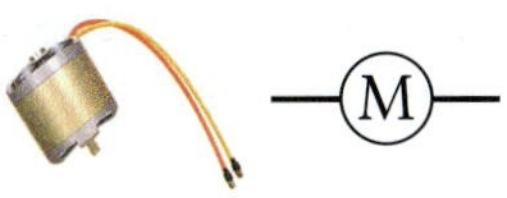	
Schalter 	geöffnet   geschlossen	**Lampe** 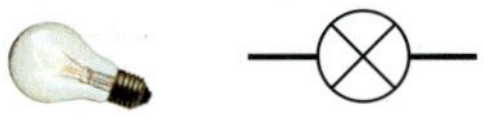 **Leuchtdiode (LED)** 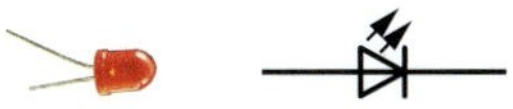 Dreieckspitze zeigt zum Minuspol	

T1 *Einige elektrische Schaltzeichen*

Du kannst dabei ohne etwas zu beschädigen auch schon mal einen Fehler beim Aufbau machen. Ebenso sind manche Kenndaten für die Planung eines passenden Experiments wichtig. Du kannst sie in solchen Programmen ermitteln.

Die Bilder **B5a** und **B5b** zeigen dir Beispiele, wie du mit einem solchen Simulationsprogramm arbeiten könntest. Jeweils links auf den Arbeitsflächen siehst du in einem Fenster verschiedene Bauteile, die du anklicken und auf dein Experimentierfeld ziehen kannst. Rechts kannst du weitere Eigenschaften der Batterie und der Leitungen einstellen. Auch Messgeräte sind vorhanden und lassen sich in den Stromkreis einbauen. Was und wie sie messen, erfährst du im nächsten Schuljahr.

Bild **B5a** zeigt einen einfachen Stromkreis, der nicht geschlossen ist. Er besteht aus einer Batterie (links), einem Lämpchen (rechts), Leitungen und zwei Schaltern – einer ist offen (oben), der andere ist geschlossen (unten).

Wenn du nun den offenen Schalter schließt (Bild **B5b**), siehst du, wie sich die Elektronen im gesamten Stromkreis bewegen und die Lampe leuchtet. Öffnest du jetzt den anderen Schalter, wird die Lampe wieder ausgehen. Beide Schalter müssen für eine leuchtende Lampe geschlossen sein, denn nur so erhältst du einen geschlossenen Stromkreis ohne Unterbrechungen.

Solche Stromkreise mit zwei Schaltern hintereinander werden in der Technik häufig verwendet, wenn es um die Sicherheit von Menschen geht. Mehr dazu findest du im **Sachtext 1: Sicherheitsschaltung** auf Seite 75.

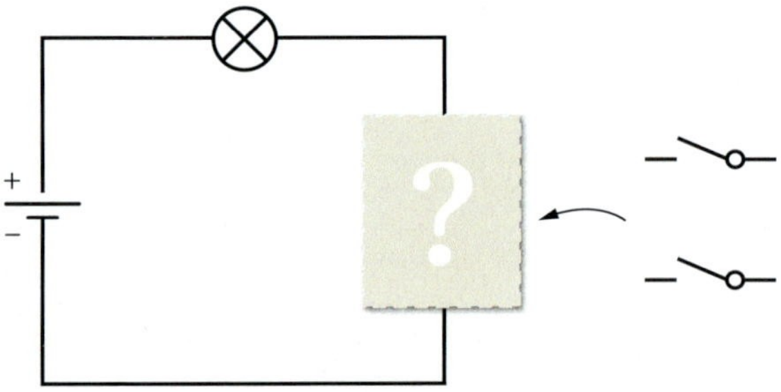

B1 *Die Lampe soll leuchten, auch wenn nur einer der beiden eingebauten Schalter geschlossen ist.*

B3 *Die Baggerschaufel stellt einen Kurzschluss zwischen zwei Leitungen her.*

Du kannst das Simulationsprogramm auch benutzen, um folgendes Problem zu lösen (Bild **B1**):
Gesucht ist ein Stromkreis mit zwei Schaltern, bei dem die Lampe leuchtet, auch *wenn nur ein Schalter geschlossen* ist.

Auf jeden Fall ist sicher, dass die Schaltung von Bild **B5** auf der vorherigen Seite nicht die Lösung ist. Die Schalter müssen auf andere Weise in den Stromkreis eingebaut werden. Im gesuchten Stromkreis müssen Verzweigungen vorhanden sein (siehe Seite 72, Bild **B4**). Wenn du eine Lösung wie im Bild **B2** hast, kannst du die Schaltung nun mit realen Materialien aufbauen.

Kurzschluss – Vielleicht ist es dir schon passiert, dass eine Schaltung nicht funktionierte oder die Batterie schnell warm wurde. Dann hast du einen **Kurzschluss** verursacht, d. h. du hast eine direkte Verbindung zwischen den Polen der Batterie hergestellt, in der sich kein Elektrogerät befand.
Kurzschlüsse sind fast immer unerwünscht und können auch lebensgefährlich sein wie beispielsweise bei dem Bagger in Bild **B3**.

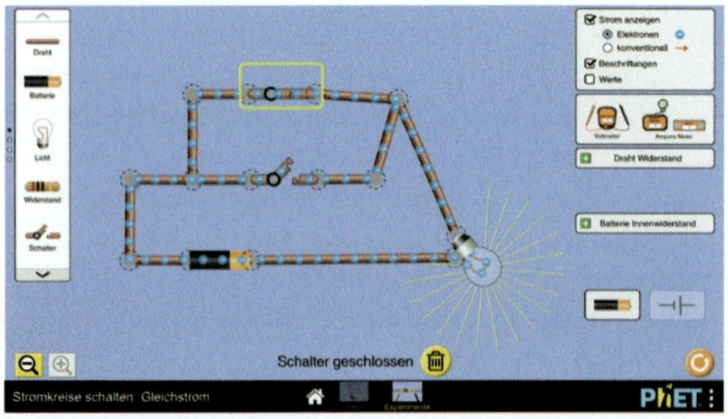

B2 *Auch wenn nur ein Schalter geschlossen ist, leuchtet die Lampe in dieser Schaltung.*

Mit dem Simulationsprogramm sollst du die Schaltung von Bild **B4** untersuchen: Welche Schalter müssen geschlossen sein, damit ein Kurzschluss vorliegt? Wähle eine Programmeinstellung, bei der die Elektronenbewegung angezeigt wird. So kannst du beobachten, wie schnell sie sind. Notiere deine Beobachtungen geordnet in einer Tabelle, deren Anfang hier dargestellt ist.

S1	S2	S3	S4	Es leuchtet Lampe ...	Die Ladungen bewegen sich ...
zu	zu	auf	auf	L2 hell	mittelschnell
...	...	...	...	...	...

Am langsamsten bewegen sich die Elektronen in der Simulation, wenn S1 und zugleich entweder S2 oder S4 geschlossen sind. Sind nur S1 und S3 geschlossen, sind sie am schnellsten. Dann liegt ein *Kurzschluss* vor, d. h. eine *durchgehende leitende Verbindung vom Pluspol zum Minuspol, ohne* dass die Elektronen durch ein *elektrisches Gerät* fließen. Er bleibt auch bestehen, wenn z. B. S1, S3 und S4 geschlossen sind und in einem *zusätzlichen Zweig* Elektronen durch ein elektrisches Gerät gehen.

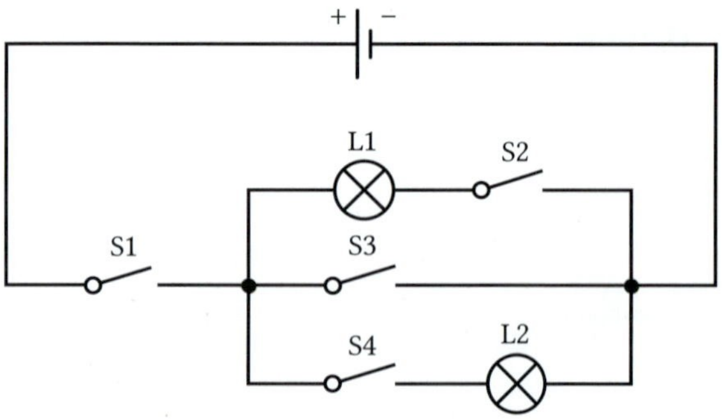

B4 *In dieser Schaltung kann ein Kurzschluss bei bestimmten Schalterstellungen auftreten.*

Sachtext 1: Sicherheitsschaltung

Außer einfachen EIN-AUS-Schaltern gibt es viele andere Arten von Schaltern. Manche können gleichzeitig zwei oder mehr Stromkreise schließen, andere sind nur **Momentschalter** und schließen nur während des Drückens den Stromkreis. Dann kehren sie von selbst mithilfe einer Feder in den AUS-Zustand zurück. Beispielsweise sind in Heckenscheren aus Sicherheitsgründen zwei solche Momentschalter eingebaut. Erst wenn mit der einen Hand der Schalter im Bügel und mit der anderen Hand der am Griff betätigt wird, geht sie in Betrieb. Diese Anordnung von zwei Schaltern heißt **UND-Schaltung**: Das Gerät kann nur dann eingeschaltet werden, wenn erster **und** zweiter Schalter gleichzeitig gedrückt werden.
Der Schaltplan hierzu sieht so aus:

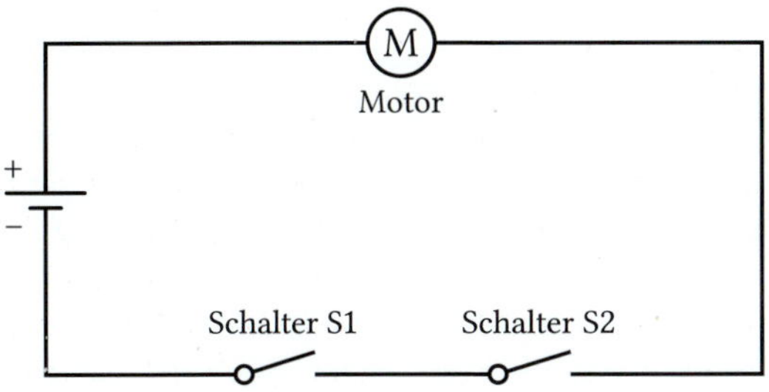

Sachtext 2: Türöffner

In Zwei- oder Mehrfamilienhäusern hat jede Wohnung eine eigene Klingel. Die Tür am Hauseingang muss man aus jeder Wohnung per Knopfdruck öffnen können. Die Schalter für die Türöffnung können somit nicht als UND-Schaltung kombiniert sein. Die Eingangstür ließe sich sonst nur öffnen, wenn in allen Wohnungen gleichzeitig auf den Knopf gedrückt wird. Sie soll sich aber öffnen, wenn in der einen **oder** in einer anderen Wohnung auf den Türöffner gedrückt wird. Eine solche Kombination heißt **ODER-Schaltung**. Die beiden Schalter müssen daher zwischen zwei Verzweigungsstellen parallel geschaltet werden. So gibt es zwei Möglichkeiten, den Stromkreis zu schließen, der die Tür öffnet.
Der Schaltplan hierzu sieht so aus:

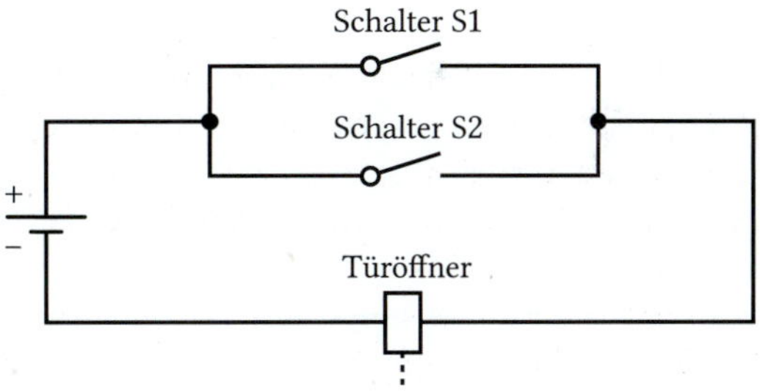

V1 Schülerversuch: Sicherheitsschaltung

Material: Simulationsprogramm, Batterie, zwei Schalter, Glühlämpchen/LED statt Motor, Leitungen
Durchführung:
a) Simuliere die Schaltung aus Sachtext 1 und ergänze folgende Tabelle in deinem Heft:

S1 (auf/zu)	S2 (auf/zu)	Lampe (an/aus)
auf	auf	aus
…	…	…

b) Baue die Schaltung real auf und teste sie.

V2 Schülerversuch: Türöffner

Material: Simulationsprogramm, Batterie, zwei Schalter, Glühlämpchen oder LED, Leitungen
Durchführung:
a) Simuliere die Schaltung aus Sachtext 2 und ergänze folgende Tabelle in deinem Heft:

S1 (auf/zu)	S2 (auf/zu)	Lampe (an/aus)
auf	auf	aus
…	…	…

b) Baue die Schaltung real auf und teste sie.

Sachtext 3: Ganglicht

UND- und ODER-Schaltungen sind vermutlich nicht die einzigen Schalterkombinationen, die du zuhause vorfindest. Oft lässt sich das Deckenlicht mit zwei Schaltern an verschiedenen Stellen unabhängig voneinander ein- bzw. ausschalten, z. B. bei einem Flur oder einem Zimmer mit zwei Türen. Eine UND-Schaltung eignet sich dazu nicht: Sind beide Schalter offen, musst du beide Schalter wieder schließen, um das Licht einzuschalten. Eine ODER-Schaltung scheidet auch aus: Ist ein Schalter geschlossen, dann ändert das Öffnen oder Schließen des anderen Schalters nichts daran, dass die Lampe weiter leuchtet. Die Lösung heißt **WECHSEL-Schaltung** und funktioniert nur mit **Wechselschaltern**. Sie haben drei Anschlüsse und schalten zwischen zwei Leitungen hin und her wie bei einer Weiche.

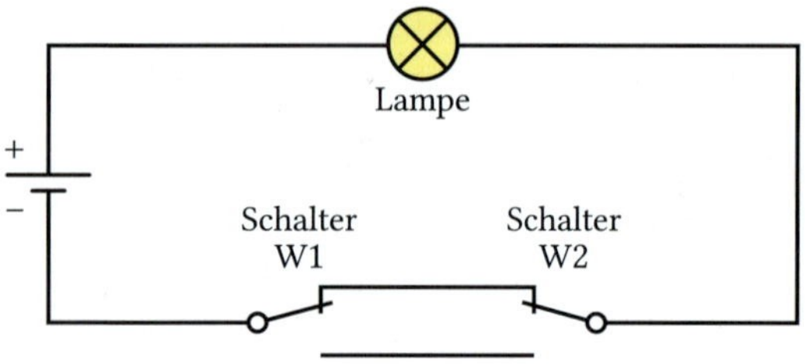

V1 Schülerversuch: Ganglicht

Material: Simulationsprogramm, Batterie, zwei Wechselschalter, Glühlämpchen/LED, Leitungen

Durchführung:

a) Simuliere die Schaltung aus Sachtext 3 und ergänze folgende Tabelle in deinem Heft:

W1 (oben/unten)	W2 (oben/unten)	Lampe (an/aus)
oben	oben	an
...	...	...

b) Baue die Schaltung real auf und teste sie.

Exkurs: Fußgänger- und Verkehrsampel

Bei einer Fußgängerampel müssen zwei Lampen angesteuert werden; bei einer Verkehrsampel für den Straßenverkehr gibt es drei Lampen mit vier verschiedenen Leuchtmöglichkeiten. Bestimmt kommst du schnell darauf, dass man bei der Fußgängerampel mit einem einzelnen Wechselschalter zurecht kommt. Bei der Verkehrsampel ist die Situation komplizierter (siehe Schaltplan).

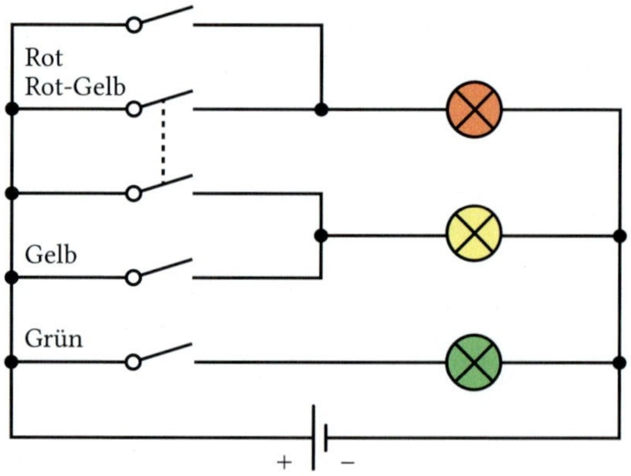

Forsche selbst: Ampeln

Material: Batterie, ein Wechselschalter, drei farbige Glühlämpchen, Blechdose, Blechstreifen, Isolierband, Leitungen, runder Holzstab, Bretter

Durchführung:

a) Baue eine Schaltung für eine Fußgängerampel auf und teste sie.

b) Baue ein Modell für eine Verkehrsampel, ähnlich wie es im Bild zu sehen ist.

Löse selbst

1 Das Bild zeigt ein Beleuchtungsset für ein Fahrrad.

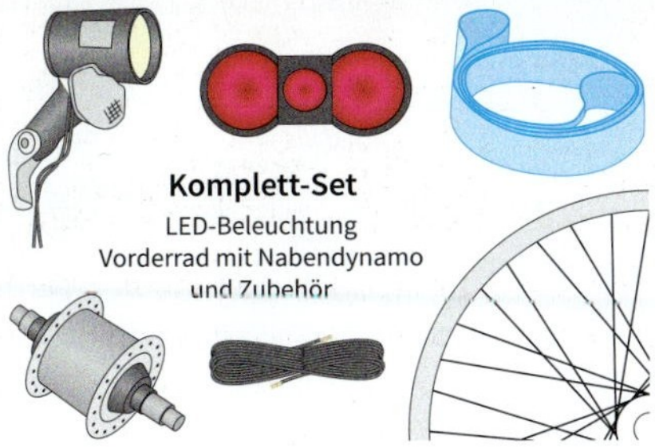

a) Beschreibe, wozu die Einzelteile benutzt werden.
b) Entwickle einen Schaltplan für die Beleuchtung.
c) ↗ Bei älteren Fahrrädern führt vom Dynamo (Elektrizitätsquelle) nur jeweils eine Leitung zu den Lampen. Der zweite Pol des Dynamos ist die Befestigungslasche, mit der er am Fahrradrahmen befestigt ist. Erkläre anhand einer Skizze, dass ein geschlossener Stromkreis zustande kommt, wenn man den Metallrahmen des Fahrrads berücksichtigt.

2 Eine UND-Schaltung wird verwendet bei
a) einer Waschmaschine, b) einem Aufzug,
c) ↗ Autoscheinwerfern.
Beschreibe jeweils die technische Umsetzung. Begründe ihren Einsatz.

3 Häufig gibt es zwei Stellen, von denen aus eine Klingel betätigt werden kann. Bei Einfamilienhäusern sind das die Drucktaster an Garten- und Haustüre; bei Mehrfamilienhäusern findet man sie an der Hauseingangstüre und an allen Wohnungstüren.
a) Erläutere, welche Art von Schaltung hier vorliegt.
b) Erstelle dazu die entsprechende Schaltskizze.

4 Könnte man einen Wechselschalter nicht durch eine ODER-Schaltung ersetzen?
Um diese Frage zu beantworten, bearbeite die folgenden Aufgaben:
a) Erstelle je eine Schaltskizze zu einer WECHSEL-Schaltung und einer ODER-Schaltung.
b) Gib jeweils alle Möglichkeiten dafür an, welche Schalter du betätigen müsstest, um einen geschlossenen Stromkreis zu unterbrechen.
c) Beantworte nun die Frage. Erkläre den Unterschied auch am Beispiel einer Beleuchtungsanlage in einem Haus, die sowohl im ersten als auch im zweiten Stock mit je einem Schalter betätigt werden kann.

5 Erkläre mit dem Modell „Brücke über einen Kanal" von Seite 71
a) eine UND- Schaltung; b) eine ODER-Schaltung.

6 Leni und Kamal haben mit derselben Schaltung experimentiert. Allerdings haben sie unterschiedliche Schaltskizzen in ihr Heft notiert.

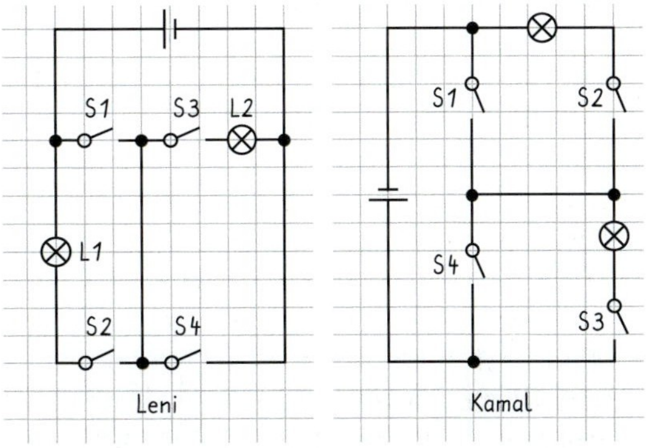

a) Zeige, dass beide Schaltskizzen identisch sind.
b) „Baue" mit einer Simulationssoftware die Schaltung nach und bestimme, welche Schalter man schließen muss, damit
(i) nur die Lampe L1 leuchtet;
(ii) nur die Lampe L2 leuchtet;
(iii) beide Lampen leuchten.
c) Wenn nur S1 und S4 geschlossen werden, dann hat man einen Kurzschluss. Simuliere diesen Fall und beschreibe deine Beobachtungen.
d) Begründe mithilfe deiner Beobachtungen, warum der Kurzschluss ein äußerst unerwünschter Fall ist.

7 ↑ Für Spezialisten und das Internet: Möchte man eine Deckenlampe von mehr als zwei Stellen einschalten, geht das nicht mit weiteren Wechselschaltern. Dazu braucht man einen anderen Schaltertyp: den Kreuzschalter (oder Polwender) mit vier Anschlüssen (① bis ④, siehe Grafik).

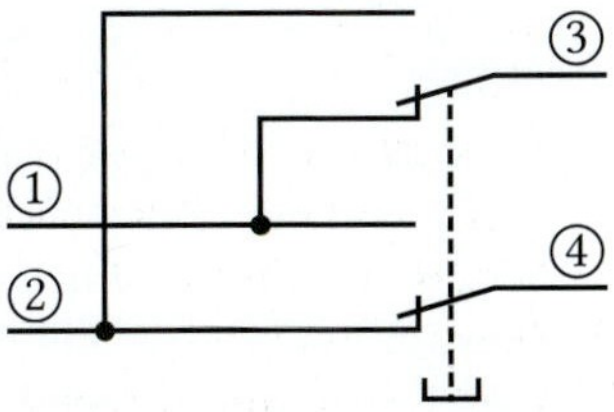

a) Recherchiere, wie ein Kreuzschalter funktioniert. Schreibe einen kurzen Text über die Konstruktion und die Anwendung des Kreuzschalters.
b) Zeichne eine Schaltung, um eine Deckenlampe von drei Stellen ein- und ausschalten zu können.

3.3 Die Wirkungen des elektrischen Stroms

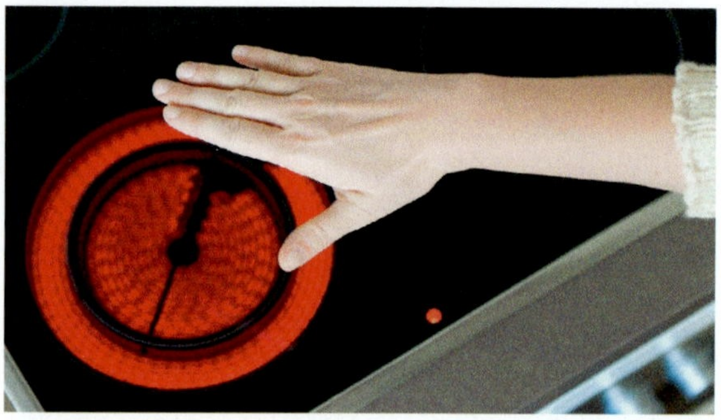

B1 *Wärmewirkung: Die Heizwendeln werden durch elektrischen Strom zum Glühen gebracht und erhitzen die Herdplatte.*

B2 *Leuchtwirkung: Die Steinerne Brücke in Regensburg wird nachts elektrisch beleuchtet.*

Wärmewirkung – In einem Metall bewegen sich die Elektronen praktisch frei durch den Leiter. Die einzigen Hindernisse auf ihrem Weg sind die Atomrümpfe (siehe auch Seite 65, Bild **B4**). Diese Atomrümpfe sitzen im Gegensatz zu den Elektronen an festen Plätzen, um welche sie herumschwingen. Wenn die Elektronen auf die Rümpfe stoßen, werden sie abgebremst und die Atomrümpfe schwingen stärker. Dies merkt man von außen daran, dass sich der Leiter erwärmt.
Diese **Wärmewirkung** des elektrischen Stroms nutzt man in verschiedenen elektrischen Geräten aus wie z. B. beim Haartrockner, beim Toaster oder bei einer elektrischen Herdplatte (Bild **B1**). Man kann die Wärmewirkung auch zum Basteln gut verwenden, wie der Versuch **V1** zeigt.

V1 Schülerversuch: Wärmewirkung

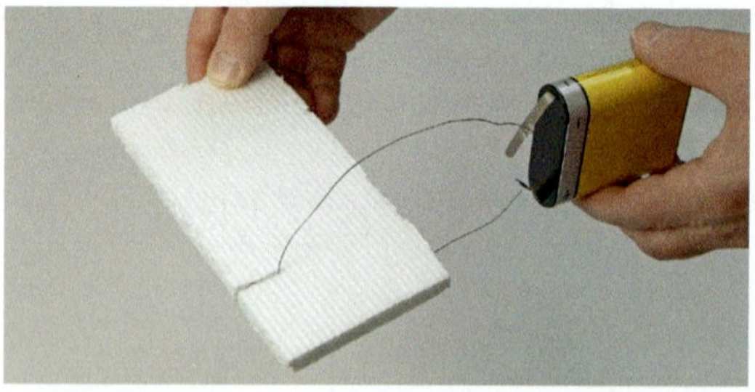

Material: Eine 4,5-Volt-Flachbatterie, ein nicht isolierter dünner Metalldraht, Polystyrol
Durchführung: Verbinde die Pole der Batterie mit dem Metalldraht. Halte den Draht an das Polystyrol und versuche, es damit zu schneiden.

Achtung – Verbrennungsgefahr! Der Draht wird sehr heiß! Führe den Versuch nur kurz durch, da sonst die Batterie schnell unbrauchbar wird.

Leuchtwirkung – Informationen zu Leuchtmitteln, die mit elektrischem Strom betrieben werden, erhältst du in dem folgenden **Sachtext: Leuchtmittel**.

Sachtext: Leuchtmittel

In Glühlampen sorgt die Wärmewirkung dafür, dass sich die sehr dünnen Drähte auf ca. 3000 Grad Celsius erhitzen und dabei glühen. Bei diesen Temperaturen ergeben sich drei Probleme:
Der Draht ist recht weich und daher stoßempfindlich. Es verdampft immer ein bisschen vom Metall des Glühdrahts – er wird langsam dünner. Chemische Reaktionen mit der Luft können bewirken, dass der Draht durchschmilzt.
Daher verwendet man Metalle mit hoher Schmelztemperatur und pumpt den Glaskolben fast luftleer. In Halogenlampen sorgt man zudem mit einem chemischen Trick dafür, dass das Verdampfen des Metalls langsamer erfolgt. Sie halten mit ca. 3000 Stunden etwa dreimal so lang wie eine Glühbirne. Trotzdem sind sie Energiesparlampen (10 000 h) und LEDs (25 000 h) klar unterlegen. Glüh- und Halogenlampen haben einen großen Nachteil: Die Wärmewirkung ist deutlich größer als die Leuchtwirkung. Das merkt man schnell, wenn man eine Hand in die Nähe (!) einer leuchtenden Glühlampe hält.
Viel weniger Wärmewirkung zeigen dagegen Leuchtdioden (LED). Ihr Licht wird durch *Elektrolumineszenz* erzeugt. Sie nutzen die Energie viel effizienter: Nur ein Sechstel der Energie vergleichbarer Halogenlampen wird benötigt. Diese sind etwa 25 Prozent effizienter als Glühbirnen. Leuchtstoff- und Energiesparlampen funktionieren beide ähnlich und haben lange Lebensdauern.

Kompetenz: Sachtexte verfassen

Für Referate, ein Plakat oder einen Bericht für die Internetseiten der Schule benötigst du oft kurze sachliche Texte zu einem bestimmten Thema.

Worauf du beim Verfassen eines solchen Textes achten musst, wird dir hier am Beispiel „Modellversuch zur Glühlampe" gezeigt.

1. Notiere dir die *wichtigsten Begriffe*, die in deinem Text vorkommen sollen.
   Beispiel: elektrischer Strom, gerader Draht, gewendelter Draht, Isolierstützen, glühen, Netzgerät, Stromkreis, verkohlt, Wärmewirkung, Papierstück, Glühlampe

2. Bringe die Begriffe zunächst in eine sinnvolle Reihenfolge (z.B. passend zum Ablauf eines Experiments).
   Beispiel: gerader Draht, Isolierstützen, Netzgerät, Glühlampe, Stromkreis, Papierstück, verkohlt, Wärmewirkung, gewendelter Draht, glühen

3. Überlege, welche Begriffe zusammen in einen Abschnitt deines Textes kommen sollen. Formuliere für diese Abschnitte eine Überschrift.
   Beispiel: gerader Draht, Isolierstützen, Glühlampe, Netzgerät, Stromkreis: *Aufbau des Experiments*
   Papierstück, verkohlt, Wärmewirkung: *Elektrischer Strom hat eine Wärmewirkung*
   gewendelter Draht, glühen: *Drahtstücke heizen sich gegenseitig auf*

4. Formuliere nun mithilfe deiner Überschriften kurze Sätze, mit denen du diese Begriffe logisch und jeweils passend zum Thema verbindest. Formuliere dabei im Präsens und in der unpersönlichen Form. Bei Berichten über ein vergangenes Ereignis kannst du auch das Imperfekt verwenden. Achte zudem auf die korrekte Verwendung von Fachbegriffen.

5. Unter Umständen hast du Bilder zur Verfügung. Dann setze an passender Stelle Verweise auf die jeweiligen Bilder (z.B. „siehe Bild", „wie im Bild oben zu sehen ist"). Bei mehreren Bildern ist es häufig geschickt, diese mit einer Nummerierung zu versehen.

Modellversuch zur Glühlampe

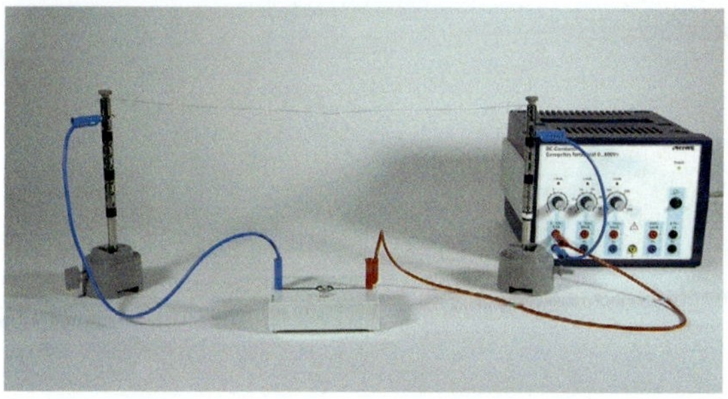

Zuerst wird zwischen zwei Isolierstützen ein dünner gerader Metalldraht gespannt. Zusammen mit einem Netzgerät und einer Glühlampe bildet der Draht einen einfachen Stromkreis, wie er im Bild oben zu sehen ist.

Man hängt nun ein Papierstück über den Draht. Wird das Netzgerät hochgeregelt, zeigt die Glühlampe an, dass elektrischer Strom fließt. Außerdem fängt das Papierstück nach einiger Zeit an zu rauchen und verkohlt (siehe Bild). Der elektrische Strom hat also eine Wärmewirkung.

Wird der Draht wie eine Schraubenfeder aufgewickelt und zwischen die Isolierstützen gespannt, dann beginnen die gewickelten Teile des Drahtes zu glühen (unteres Bild). Dies kommt daher, dass sich die Drahtstücke, die nebeneinander liegen, gegenseitig aufheizen. So funktioniert auch eine Glühlampe.

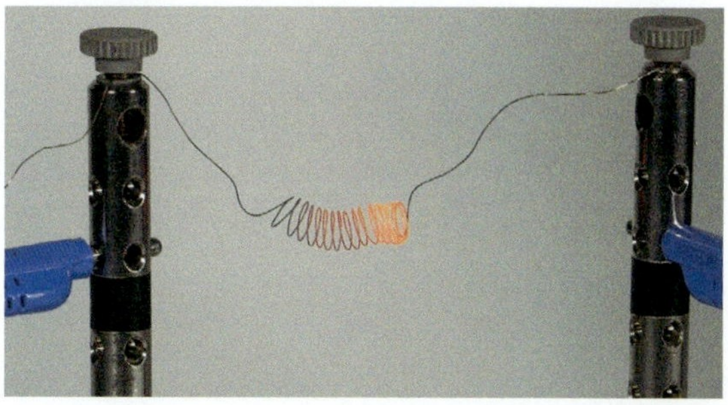

B1 *Auf einem Schrottplatz kann man mit einem Elektromagneten ferromagnetische Metalle aussortieren.*

Magnetische Wirkung – In Kapitel 1.2 hast du erfahren, dass es in der Natur Stoffe gibt, die sich magnetisieren lassen, und solche, die selbst dauerhaft magnetisch sind. Mithilfe des elektrischen Stroms kann man sehr einfach Magnete herstellen, die sich im Unterschied zu Permanentmagneten ein- und ausschalten lassen (Bild **B1**). Dies liegt daran, dass der elektrische Strom eine **magnetische Wirkung** hat. Du kannst dich davon im Versuch **V1** überzeugen.

Die Magnetnadeln werden sowohl unterhalb (Versuch **V1a**) als auch oberhalb der Leitung (Versuch **V1b**) aus der ursprünglichen Nord-Süd-Richtung ausgelenkt. Du findest dabei, dass die Auslenkung unterhalb der Leitung in die entgegengesetzte Richtung erfolgt wie oberhalb (Bild **B2**). Neben der Leitung verhält sich die Kompassnadel merkwürdiger. Sie neigt sich auf der einen Seite der Leitung mit ihrem Nordpol, auf der anderen Seite mit dem Südpol zum Tisch (Versuch **V1c**, Bild **B3**).

V1 Schülerversuch: Versuch von Oersted

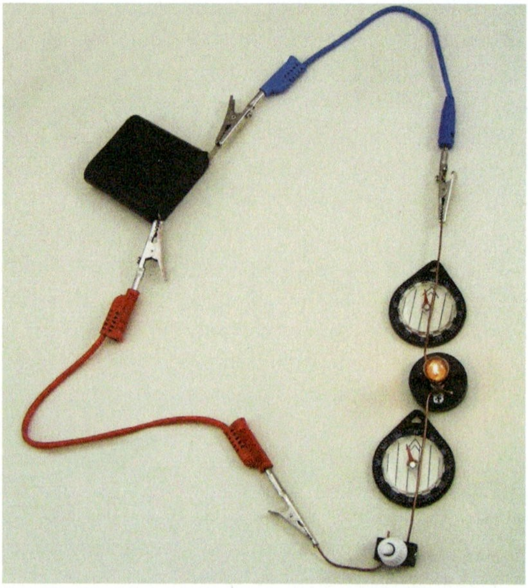

Material: Batterie, Glühlampe, Leitungen, Magnetnadeln oder Smartphone mit Kompass-App
Durchführung: Baue den Stromkreis wie im Bild auf. Schließe die Batterie zunächst noch nicht an.
a) Führe eine Leitung in Nord-Süd-Richtung *über* die Kompassnadel. Schließe die Batterie an, sodass die Lampe leuchtet. Beobachte die Veränderungen an den Magnetnadeln.
b) Lege nun die Leitung in Nord-Süd-Richtung auf den Tisch und halte *die Kompassnadeln darüber*. Beobachte die Unterschiede zu a).
c) Platziere die Magnetnadeln links und rechts neben den Leiter. Fertige ein Versuchsprotokoll an, in dem du alle Ergebnisse beschreibst.

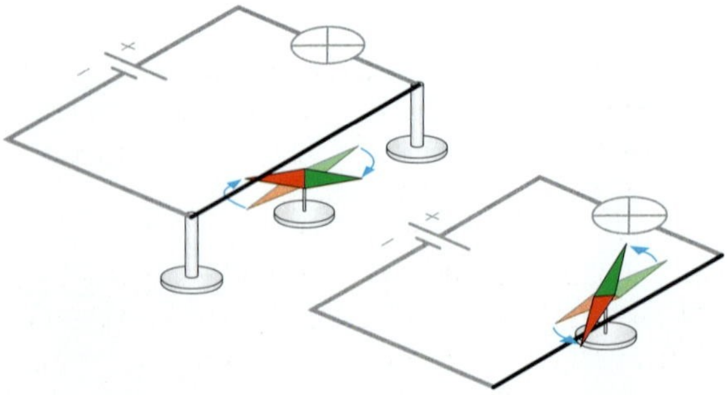

B2 *Die Magnetnadel wird unterhalb der stromdurchflossenen Leitung in eine andere Richtung ausgelenkt als oberhalb.*

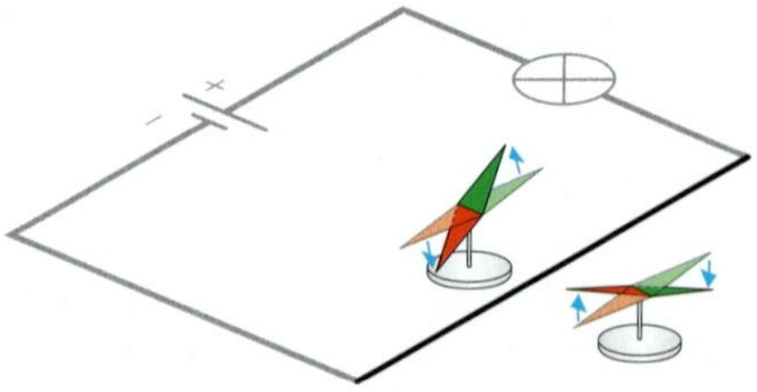

B3 *Seitlich der stromdurchflossenen Leitung neigt sich die Magnetnadel nach oben bzw. unten.*

B4 *Oersted zeigt seinen Versuch zur magnetischen Wirkung.*

Die Kompassnadeln verhalten sich im Versuch **V1** so, als ob ein schwacher Magnet in der Nähe wäre. Sie reagieren auf ein Magnetfeld, das vom Erdmagnetfeld abweicht. Du kannst dich davon überzeugen, dass diese Abweichung von dem elektrischen Strom herrührt, indem du den Stromkreis wieder öffnest. Die Magnetnadel kehrt dann schnell wieder in ihre Ausgangslage zurück.

Elektrischer Stom hat also eine **magnetische Wirkung**. Im Gegensatz zu den anderen Wirkungen lässt sich die magnetische Wirkung nicht vermeiden. Sobald ein Stromkreis geschlossen ist, zeigt sich stets eine – oft sehr schwache – magnetische Wirkung.

! Merksatz

Jeder elektrische Strom hat eine magnetische Wirkung. In einem geschlossenen Stromkreis können auch eine Wärmewirkung oder eine Leuchtwirkung des elektrischen Stroms auftreten.

Die magnetische Wirkung des elektrischen Stroms wurde eher zufällig am Anfang des 19. Jahrhunderts von dem Dänen Christian Oersted entdeckt (Bild **B4**). Diese Entdeckung war zu ihrer Zeit eine Sensation, da bis dahin Elektrizität und Magnetismus als zwei völlig unterschiedliche Phänomene betrachtet wurden.

Viele heutige technische Geräte wie Elektromotoren, Dynamos, Computerfestplatten und Smartphones beruhen auf dieser engen Verbindung zwischen Elektrizität und Magnetismus.

Die magnetische Wirkung verstärken – Eine erste Möglichkeit, die magnetische Wirkung des elektrischen Stroms zu verstärken, ist die Verwendung einer **Spule.** Eine Spule stellst du her, indem du eine elektrische Leitung auf einen Zylinder aufwickelst, z. B. auf eine Papprolle vom Toilettenpapier. Dann liegen mehrere **Wicklungen** (auch **Windungen** genannt) auf der Papierfläche nebeneinander. Im Versuch **V2** untersuchst du, wie sich dadurch die magnetische Wirkung des elektrischen Stroms verstärkt.

V2 Schülerversuch: Magnetspule

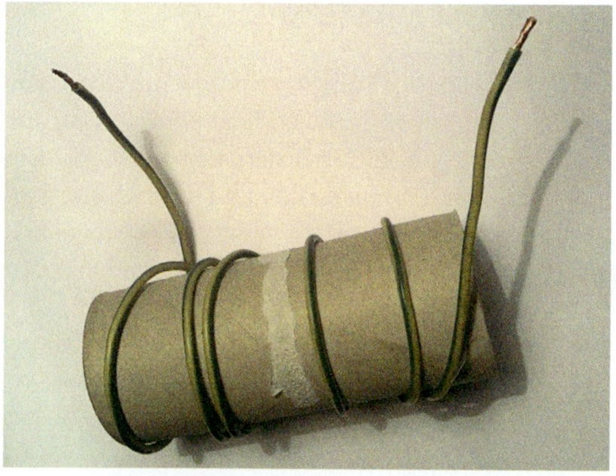

Material: Netzgerät, Spule, Leitungen, Stabmagnet, Magnetnadel/Smartphone mit Kompass-App
Durchführung: Baue einen einfachen Stromkreis mit der Spule auf.
a) Halte die Magnetnadel an verschiedene Stellen außerhalb und – falls möglich – innerhalb der Spule.
b) Vergleiche, wie sich die Magnetnadel in der Nähe des Stabmagneten verhält.
Erstelle jeweils ein Versuchsprotokoll.

In Versuch **V2a** beobachtest du außerhalb und innerhalb der Spule eine stärkere magnetische Wirkung als bei einer einfachen Leitung. An Spulenenden erscheint die magnetische Wirkung am stärksten. Hier richtet sich die Magnetnadel sehr schnell aus und zeigt mit einem Pol genau zur Spulenöffnung.

Versuch **V2b** zeigt, dass sich die Magnetnadel in der Nähe einer Spule ähnlich verhält wie in der Nähe eines Stabmagneten. Die Spule wirkt also wie ein Stabmagnet – allerdings nur, wenn in den Leitungen elektrischer Strom fließt. Man bezeichnet die Spule dann als **Elektromagnet**.

B1 *Spulen gibt es in verschiedenen Bauarten.*

Die magnetische Wirkung der Spule kann noch weiter verstärkt werden (Bild **B1**). Dazu schiebst du magnetisierbares Material ins Innere der Spule. Meistens verwendet man ein Eisenstück und spricht von einem **Eisenkern** (Versuch **V1a**). In Versuch **V1b** baust du mit einfachen Mitteln einen Elektromagneten mit Eisenkern.

! Merksatz

Die magnetische Wirkung des elektrischen Stroms wird verstärkt, wenn der Draht zu einer Spule aufgewickelt wird. Eine weitere Verstärkung der Wirkung erhält man, indem in das Innere der Spule ein Eisenkern geschoben wird.

V1 Schülerversuch: Spule mit Eisenkern

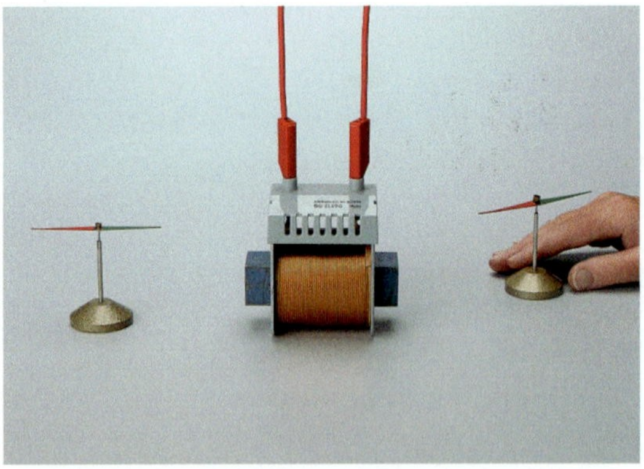

Material: Für a): Netzgerät, Spule, Eisenkern, Leitungen, Magnetnadel/Smartphone mit Kompass; für b): Batterie, isolierter Draht, dicke Nägel, Büroklammern

Durchführung:
a) Baue einen einfachen Stromkreis mit der Spule mit Eisenkern auf. Teste die magnetische Wirkung in der Umgebung der Spule.
b) Wickle den Draht um die Nägel. Verbinde die Drahtenden mit den Batteriepolen. Teste, wie viele Büroklammern dein Elektromagnet trägt.
Erstelle jeweils ein Versuchsprotokoll.

Exkurs: Die Erde ist ein Elektromagnet

Lange Zeit war man sich nicht im Klaren, woher das Magnetfeld der Erde stammt. Konnten es dauerhaft magnetische Mineralien wie z.B. Magnetit sein, die in großen Tiefen und in großen Mengen in der Erde vorhanden waren? Aber wie sollte das dazu führen, dass die magnetischen Pole der Erde so schnell ihre Lage verändern?

Heute geht man davon aus, dass das Magnetfeld der Erde durch elektrische Ströme zustande kommt, die durch Bewegungen von flüssigem Eisen verursacht werden, aus dem der äußere Erdkern besteht (siehe Grafik). Der innere Erdkern besteht zwar aus festem Eisen, wirkt aber nicht so wie ein Eisenkern in einer Spule, da er etwa 5800 °C heiß ist. Bei dieser Temperatur lässt sich Eisen nicht mehr wie sonst magnetisieren. Das ist auch bei den 2000 °C heißen eisenhaltigen Gesteinen des Erdmantels der Fall.

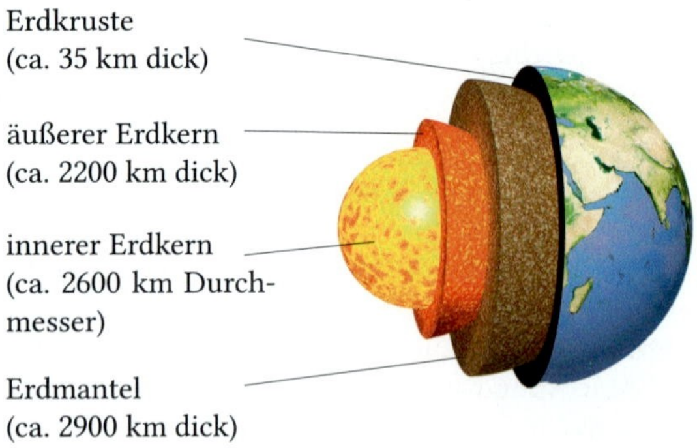

An mehreren Universitäten führt man Modellexperimente mit geschmolzenem Natriummetall durch. Dieses befindet sich in Kugeln oder Zylindern, die man rotieren lässt. So ahmt man die Erddrehung nach und versucht, den Vorgängen im äußeren Erdkern genauer auf die Spur zu kommen.

Löse selbst

1 Suche in deinem Haushalt drei Elektrogeräte, bei denen die Wärmewirkung des elektrischen Stroms auftritt. Verfasse einen kurzen Text dazu, an welchen Stellen jeweils die Wärmewirkung auftritt und ob sie erwünscht oder unerwünscht ist.

2 Verfasse jeweils ein kurzen Text zu dem angegebenen Thema auf der Grundlage des Sachtextes von Seite 78.
a) Aufbau von Glühlampen und dabei verwendete „Tricks"
b) Vergleich von Glüh- und Halogenlampen mit LEDs

3 Ordne LEDs, Energiespar-, Glüh- und Halogenlampen
a) nach ihrer statistischen Lebensdauer;
b) nach ihrem Energiebedarf.
c) Gib für jeden Lampentyp einen physikalischen und einen nicht-physikalischen Grund an, der für oder gegen den Einsatz des Lampentyps spricht.

4 In einem Raum hängen drei Lampen. Die drei zugehörigen Schalter sind in einem anderen Raum, von dem aus man die Lampen nicht sehen kann.

Beschreibe, wie du herausfinden kannst, welcher Schalter zu welcher Lampe gehört.
a) Du darfst die Schalter so oft betätigen, wie du willst.
b) Du darfst jeden Schalter nur einmal ein- und ausschalten.

5 Verfasse einen kurzen Text zum Thema „Nützliche Wärmewirkungen des elektrischen Stroms im Haushalt".

6 Suche drei Beispiele für technische Anwendungen von Elektromagneten. Beschreibe anhand von Skizzen, wofür die magnetische Wirkung genutzt wird.

7 Gib zwei Vorteile und zwei Nachteile für die Verwendung von Permanent- bzw. Elektromagneten an.

8 Beschreibe in einem kurzen Text drei Haushaltsgeräte bei dir zu Hause, die jeweils drei unterschiedliche Wirkungen des elektrischen Stroms nutzen.

9 In einer Physik-Show ist an einer langen Schnur ein Stabmagnet so aufgehängt, dass er sich fast reibungsfrei entlang der Schnur bewegen kann. Die Schnur führt durch eine große Spule mit vielen Windungen (siehe Grafik). Wenn der Experimentator den Schalter schließt, saust der Magnet auf die Spule zu.

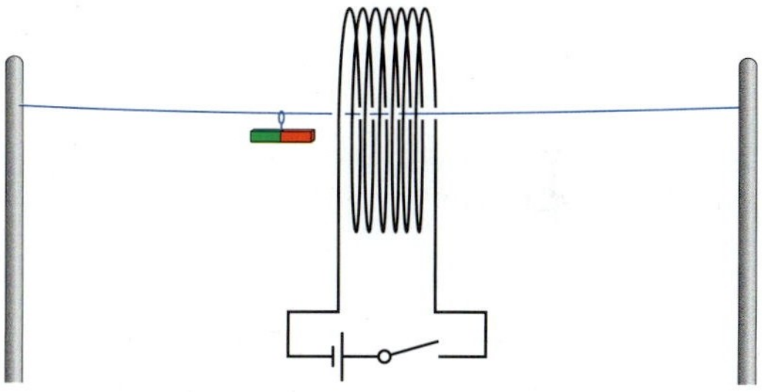

a) Erkläre dieses Phänomen.

In der Show rast der Magnet ans andere Seilende. Die meisten Zuschauer haben nicht bemerkt, dass der Schalter wieder betätigt wurde.
b) Erläutere, warum der Experimentator den Schalter wieder öffnen muss. Gib an, zu welchem Zeitpunkt er reagieren muss.
c) Der Magnet befindet sich nun wieder in der Anfangsposition. Beschreibe, wie der Magnet reagiert, wenn die Elektrizitätsquelle an der Spule umgepolt und der Schalter wieder geschlossen wird.

10 (für Spezialisten und das Internet)
Recherchiere zum Begriff Elektrolumineszenz. Verfasse kurze Texte zu den folgenden Fragestellungen:
a) Was versteht man unter Elektrolumineszenz?
b) Wie wurde sie entdeckt?
c) Wie nützt man die Elektrolumineszenz bei LEDs?
d) Warum leuchten LEDs nicht, wenn man sie „falsch herum" an eine Elektrizitätsquelle anschließt?
e) Woher kommt die Abkürzung LED und wo werden sie heutzutage eingesetzt?
f) Was versteht man unter organischen LEDs?
g) Wofür benötigt man Elektrolumineszenzfolien?

Zusammenfassung

Kompetenzen

1. Simulationen nutzen

Bevor du Schaltungen aufbaust, kann es nützlich sein, diese Schaltung mithilfe eines Simulationsprogramms zu untersuchen. Das hat Vorteile: Es werden keine Bauteile zerstört und du kannst z.B. Informationen erhalten, welche Bauteile du gut verwenden kannst.

2. Informationen aus Texten zusammenfassen

- Lies den Text auch mehrmals gut durch.
- Unterstreiche Fachbegriffe oder solche Wörter, die für dich schwierig sind. Finde Erklärungen für sie.
- Gliedere den Text in sinnvolle Abschnitte.
- Finde für jeden Abschnitt eine Überschrift oder einen Satz, der den Inhalt gut wiedergibt.
- Bringe die Sätze in eine logische Reihenfolge.

3. Informationen aus Experimenten zusammenfassen

- Formuliere das Versuchsergebnis in möglichst allgemeiner Form.
- Mache dein Ergebnis an einem Beispiel kurz und anschaulich klar. Das Beispiel darf auch der Versuch selbst sein.
- Fasse dich kurz und verwende Fachbegriffe.

4. Sachtexte verfassen

Um Texte für einen Sachverhalt zu schreiben, solltest du dich nach folgenden Punkten richten:

- Beachte, wer der Adressat ist: Sind es deine Mitschülerinnen und Mitschüler, deine Lehrkraft oder alle Personen in der Schule (beispielsweise bei einem Plakat für eine Ausstellung).
- Verwende kurze Sätze mit sehr wenigen Nebensätzen. Wenn du einen langen Satz schreibst, dann kannst du ihn meistens noch in mehrere Sätze unterteilen.
- Benutze wenn möglich Fachbegriffe.

Inhalte

5. Elektrische Ladungen und der Aufbau der Atome

Es gibt zwei Arten von elektrischen Ladungen: negative und positive elektrische Ladungen. Gleichnamige Ladungen stoßen sich ab, ungleichnamige ziehen sich an. Atome bestehen aus einem Atomkern mit positiv geladenen (Protonen) und elektrisch neutralen Teilchen (Neutronen). Die Atomhülle enthält die negativ geladenen Elektronen (siehe Grafik rechts).

6. Der elektrische Strom

Elektrischer Strom heißt, dass sich elektrische Ladungen bewegen. In Metallen bewegen sich die negativ geladenen Elektronen. Damit die Ladungen sich bewegen können, muss der Stromkreis geschlossen sein. Die Polung der Elektrizitätsquelle legt fest, in welche Richtung sich positiv bzw. negativ geladene Teilchen bewegen.

7. Der einfache elektrische Stromkreis

Ein elektrischer Stromkreis wird mit elektrischen Leitern geschlossen. Er enthält mindestens eine Elektrizitätsquelle und ein elektrisches Bauteil.

8. Schaltskizzen

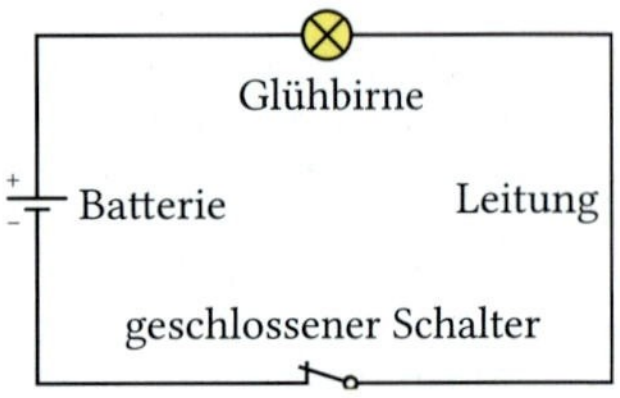

Der Aufbau eines elektrischen Stromkreises (Schaltung) wird in einer Schaltskizze festgehalten. Diese enthält die wesentlichen Bestandteile. Für einzelne Bauteile gibt es vereinbarte Schaltsymbole. Schaltskizzen werden mit Bleistift und Lineal angefertigt.

9. Wirkungen des elektrischen Stroms

Der elektrische Strom kann eine Wärme- und/oder eine Leuchtwirkung haben. Er hat immer eine magnetische Wirkung. Die Wirkungen des elektrischen Stroms werden in technischen Anwendungen vielfach genutzt, z.B.

- die Wärmewirkung beim Elektroherd;
- die Leuchtwirkung bei einer Lampe;
- die magnetische Wirkung beim Elektromagneten.

10. Die Spule ist ein Elektromagnet

Eine Spule ist ein aufgewickelter Draht. Die einzelnen Wicklungen heißen auch Windungen. Eine Spule verstärkt die magnetische Wirkung des elektrischen Stroms. Mit einem Eisenkern wird die magnetische Wirkung der Spule noch stärker.

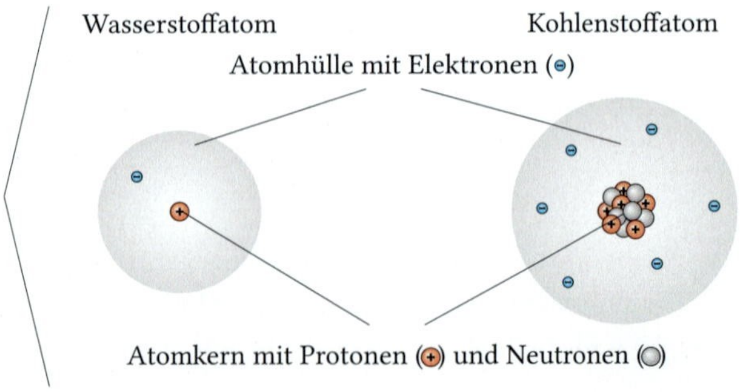

Aufgaben mit Lösungen

1 Max lässt mit einem aufgeladenen Luftballon einen anderen Luftballon schweben. Erkläre anhand von Zeichnungen, welche Vorbereitungen Max treffen muss, damit ihm das gelingt.

2 Gib kurze Erklärungen für folgende Begriffe: *Atom, Atomkern, Atomrumpf, negativ geladenes Ion, Proton, Neutron, Elektron*

3 Verfasse eine bebilderte Bau- und Betriebsanleitung für ein elektrisches Schneidegerät wie auf Seite 78.

4 Erkläre, was ein Kurzschluss ist.

5 Die Bilder zeigen zwei verschiedene Stromkreise, die sich voneinander nur wenig unterscheiden.

Schaltung A:

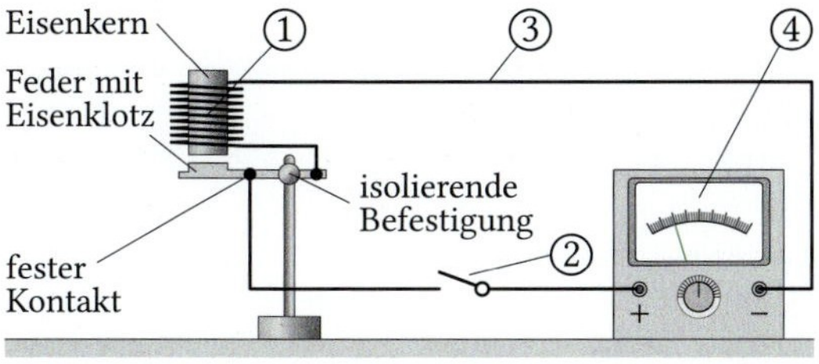

Schaltung B:

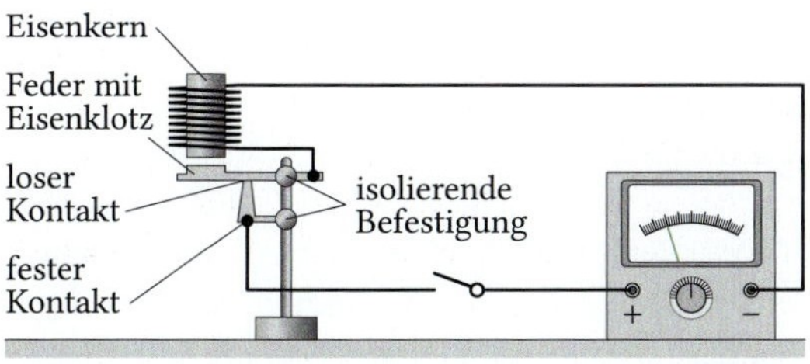

a) Gib an, um welche Bestandteile es sich bei den Nummern ①–④ in Schaltung A handelt und welche Rolle sie in der Schaltung spielen.

b) Beschreibe, welche Auswirkungen sich in Schaltung A ergeben, wenn man den Schalter schließt.

c) Die Feder mit Eisenklotz stellt in Schaltung B einen zweiten Schalter dar, mit dem der Stromkreis geschlossen oder unterbrochen werden kann. Begründe, warum der Stromkreis nun eine UND-Schaltung darstellt.

d) Beschreibe die Auswirkungen, wenn man in Schaltung B den Schalter schließt. Fertige dazu auch Zeichnungen an, die die Schaltung zu verschiedenen Zeitpunkten darstellen.

6 Die Bilder stellen symbolisch eine Klingel zu verschiedenen Zeitpunkten dar.

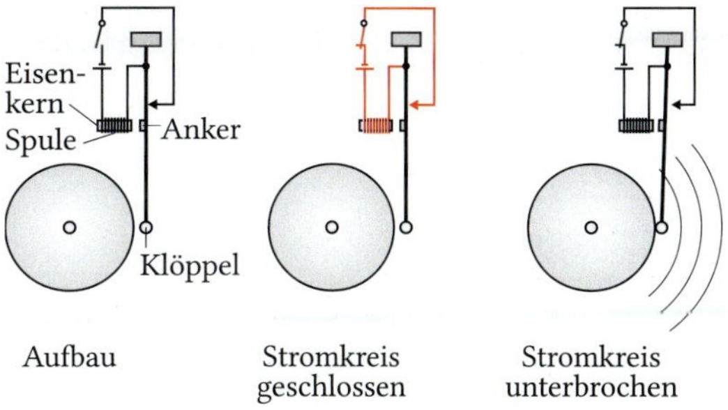

a) Zeichne den Aufbau ab und ergänze die Schaltsymbole mit einer Beschriftung.

b) Beschreibe anhand der Abbildungen, wie diese Klingel funktioniert. Achte dazu genau darauf, welche Details sich von Bild zu Bild ändern.

c) Erkläre, warum diese Schaltung Unterbrecherschaltung genannt wird.

7 Im Folgenden sind drei Schaltskizzen abgebildet:

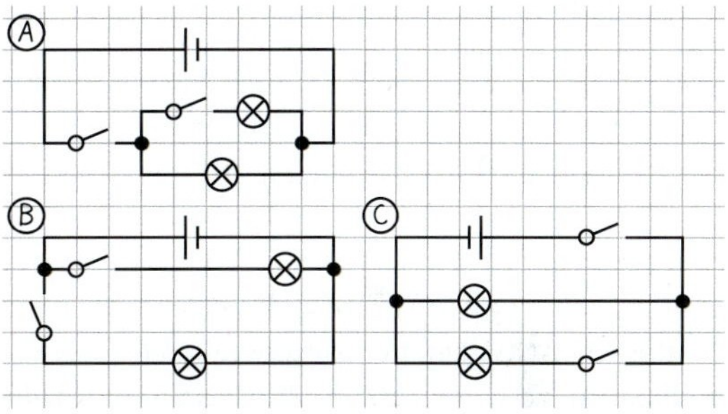

a) Vergleiche und begründe, ob die drei Skizzen dieselbe Schaltung abbilden.

b) Prüfe, ob bei den Schaltungen ein Kurzschluss auftreten kann.

c) Zeichne eine Schaltskizze für die Schaltung C, die aber anders aussieht.

8 In dem Bild ist ein Stabmagnet leicht beweglich aufgehängt und bewegt sich in Pfeilrichtung.

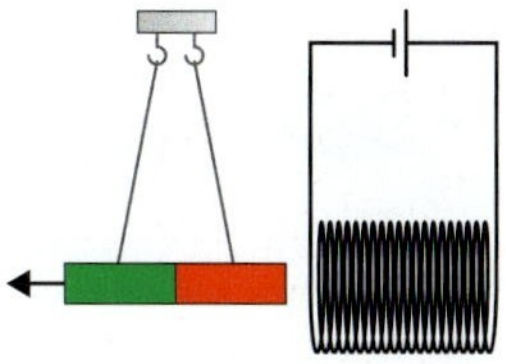

a) Erkläre, wie dieser Effekt zustande kommt.

b) Beschreibe, was sich ändert, wenn man die Elektrizitätsquelle an der Spule umpolt.

c) Beschreibe, was sich ergeben würde, wenn anstelle des Magneten ein Eisenstück dort hinge. Benutze das Modell der Elementarmagnete dazu.

Lösungen

Kapitel 1

1. Versuchsprotokoll
Material: Glas mit Schraubdeckel, Wasser
Versuchsskizze:

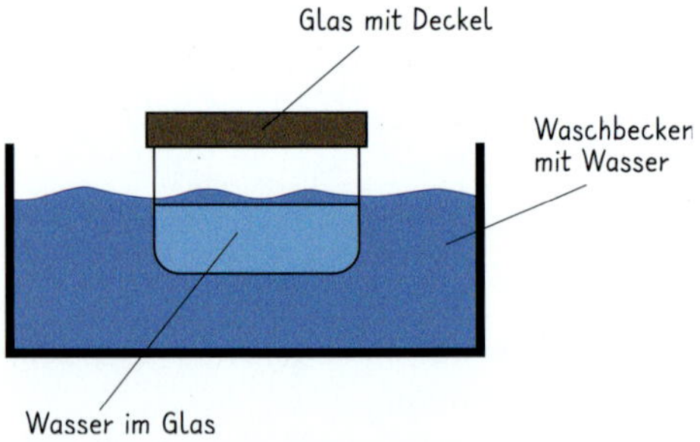

Frage: Wie verhält sich ein verschlossenes Glas im Wasser, wenn man es nach und nach mit Wasser füllt?

Durchführung: Wir füllen ein Waschbecken mit Wasser. Dann setzen wir ein verschlossenes leeres Glas ins Wasser. Anschließend geben wir etwas Wasser in das Glas und setzen es verschlossen wieder ins Waschbecken.

Beobachtung: Das Glas schwimmt im Wasser. Je mehr Wasser man ins Glas füllt, umso tiefer sinkt es ein. Wenn das Glas fast ganz voll ist, geht es unter.

Auswertung: Die Dichte des leeren Glases ist geringer als die Dichte von Wasser, da es im Wasser schwimmt. Das fast volle Glas hat eine größere Dichte als Wasser, weil es untergeht. Je mehr Wasser man ins Glas einfüllt, umso größer wird die Dichte des Glases.

2.

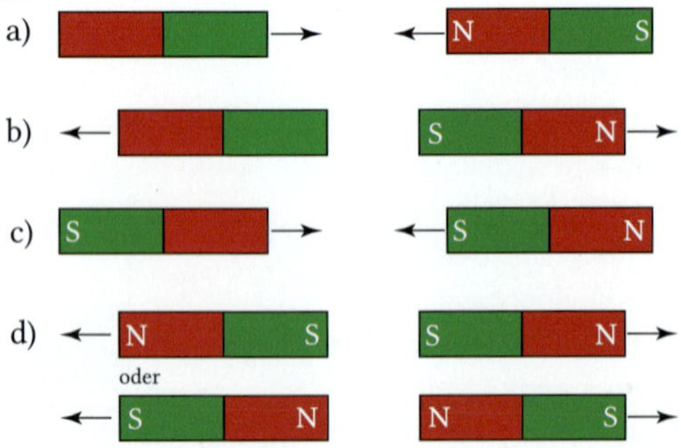

3. Wir nennen die Metallstücke A und B.
a) Wenn beide Metallstücke Magnete wären, müsste man beobachten können, dass es auch Stellen gibt, an denen sich die Metallstücke gegenseitig abstoßen.
b) Es gibt zwei Möglichkeiten:
(1) Man tastet mit einem Ende von Metallstück A alle möglichen Stellen des Metallstücks B ab. Wenn sich keine Änderung bei der Stärke der Anziehung ergibt, so ist A der Magnet. Findet man eine Stelle, an der sich fast gar keine Anziehung ergibt, so ist B der Magnet.
(2) Man hat einen Gegenstand aus Eisen zur Hand. Dieser Gegenstand wird nur vom Magneten angezogen, nicht aber von einem Material, das sich nur magnetisieren lässt.

4. a) Wenn ein Nagel einen anderen anzieht, muss er selbst magnetisch geworden sein, denn zwei Nägel, die nicht Magnete sind, ziehen sich nicht an. Wenn beim obersten Nagel am oberen Ende ein Südpol entsteht, so ist am unteren Ende ein Nordpol vorhanden usw. (siehe Bild).

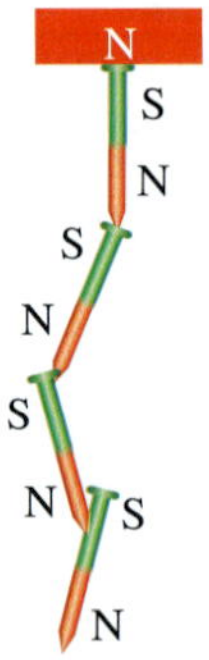

b) Durch den starken Magneten, an dem die Nägel hängen, werden die Elementarmagnete in den Nägeln ausgerichtet, die vorher ungeordnet durcheinander lagen. Im Bild würden dann alle Elementarmagnete mit ihrem Südpol zu dem starken Magneten zeigen. Dadurch entsteht an den oberen Nagelenden jeweils ein Südpol, an den unteren Nagelenden jeweils ein Nordpol.
c) Bei Kupfernägeln erhält man nicht das gleiche Ergebnis, da Kupfer nicht ferromagnetisch ist. Kupfer enthält keine Elementarmagnete, die sich ausrichten könnten.

5. a) Da die Erde selbst wie ein riesiger Magnet wirkt, der seine magnetischen Pole an den geografischen Polen hat, wird der Nordpol eines Magneten immer in Richtung des magnetischen Südpols der Erde gezogen.

b) Da die Magnetnadel sich auf der Erde immer in Nord-Süd-Richtung ausrichtet, kann man damit auch die anderen Himmelsrichtungen feststellen. Mithilfe einer Winkeleinteilung kann man sogar genau angeben, wie weit man auf einem bestimmten Weg von der Nord-Süd-Richtung abweicht. In der Nähe der Pole ist das schwierig, weil der geografische Nordpol und der magnetische Südpol nicht am gleichen Ort sind.

6. a) Hier gibt es zwei Möglichkeiten: (1) Passt der Gegenstand in den Messzylinder, gibt man etwas Wasser in den Zylinder und liest das Volumen ab. Dann taucht man den Gegenstand vollständig im Wasser unter und liest wieder das Volumen ab. Aus der Differenz der beiden Werte erhält man das gesuchte Volumen.
(2) Der Gegenstand passt nicht in den Messzylinder. Dann legt man ihn in ein beliebiges Gefäß und füllt dieses mit Wasser auf. Anschließend nimmt man den Gegenstand aus dem Gefäß und füllt mithilfe des Messzylinders Wasser nach, bis der Wasserstand wieder die Marke erreicht. Das Volumen des nachgefüllten Wassers ist das Volumen des Gegenstands.
b) Man füllt ein Überlaufgefäß bis zum Überlauf mit Wasser. Dann taucht man den Gegenstand ein und fängt das auslaufende Wasser auf. Mit der Waage bestimmt man die Masse des ausgelaufenen Wassers. 1 g Wasser entspricht einem Volumen des Gegenstands von 1 cm^3.

7. a) Gleiches Material heißt gleiche Dichte, d.h., dass jeder Kubikzentimeter beim Gegenstand A genauso viel Masse hat wie beim Gegenstand B. Nimmt man z. B. Glas mit einer Dichte von $2{,}5\,\frac{g}{cm^3}$, so haben 100 cm^3 Glas die Masse 250 g. Das soll nun Gegenstand B sein. A hat doppelt so viel Volumen, also 200 cm^3; damit ist die Masse bei der gleichen Dichte nun 500 g. Die Aussage ist richtig.
b) Wir nehmen wieder Glas mit der Dichte $2{,}5\,\frac{g}{cm^3}$. Hat der Gegenstand das Volumen 100 cm^3, so ist seine Masse 250 g. B hat nun nur eine halb so große Masse, also 125 g. Damit ergibt sich, dass das Volumen von B nun 50 cm^3 sein muss, also gerade halb so groß wie das von A. Die Aussage ist richtig.

8. a) Von der geringsten zur größten Dichte geordnet: Korken - Öl - Baustein - Wasser - Traube - Honig.
Begründung: In der Aufzählung schwimmt jeweils das links stehende Material auf bzw. im rechts stehenden Material. Daher steigt die Dichte von links nach rechts an.

9. Allgemein berechnet man die Dichte als $\varrho = \frac{m}{V}$.

a) $\varrho = \frac{240\ g}{200\ cm^3} = 1{,}20\ \frac{g}{cm^3}$ (3 gZ); Material: PVC

b) $\varrho = \frac{2{,}1\ kg}{200\ cm^3} = \frac{2100\ g}{200\ cm^3} = 10{,}5\ \frac{g}{cm^3} = 11\ \frac{g}{cm^3}$ (2 gZ);
Material: Silber

c) $\varrho = \frac{54\ kg}{20\ dm^3} = \frac{54\,000\ g}{20\,000\ cm^3} = 2{,}7\ \frac{g}{cm^3}$; Material: Aluminium

d) $\varrho = \frac{1{,}63\ t}{2{,}0\ m^3} = \frac{1630\ kg}{2000\ dm^3} = 0{,}82\ \frac{kg}{dm^3}$; Material: Brennspiritus

10. Das Volumen berechnet man mit $V = \frac{m}{\varrho}$, die Masse mit $m = \varrho \cdot V$.

a) $V = \frac{240\ g}{1{,}2\ \frac{g}{cm^3}} = 200\ cm^3 = 0{,}20\ dm^3$ (2 gZ)

b) $m = 3{,}2\ \frac{g}{cm^3} \cdot 200\ cm^3 = 640\ g = 0{,}64\ kg$ (2gZ)

c) $V = \frac{2{,}8\ kg}{5{,}6\ \frac{g}{cm^3}} = \frac{2800\ g}{5{,}6\ \frac{g}{cm^3}} = 500\ cm^3 = 0{,}50\ dm^3$ (2 gZ!)

d) $m = 3{,}8\ \frac{kg}{dm^3} \cdot 2{,}0\ dm^3 = 7{,}6\ kg$

e) $V = \frac{14\ t}{3{,}5\ \frac{kg}{dm^3}} = \frac{14\,000\ kg}{3{,}5\ \frac{kg}{dm^3}} = 4000\ dm^3 = 4{,}0\ m^3$ (2 gZ!)

f) $m = 3{,}3\ \frac{t}{m^3} \cdot 12\ m^3 = 39{,}6\ t = 40\ t$ (2 gZ!)

Lösungen

Kapitel 2

1. In einem vollkommen dunklen Raum gibt es keine Lichtquelle. Somit trifft auf das weiße Papier auch keinerlei Licht. Es findet also keine Streuung von Licht an der Papieroberfläche statt. Folglich kann auch kein Licht vom Papier in das Auge als Lichtempfänger gelangen. Das Blatt bleibt unsichtbar.

2. a) Bei nasser Straße gleicht das Wasser die Rauigkeit der Straßenoberfläche aus. Dadurch wird die Oberfläche glatter. Die nasse Straße wirkt also ähnlich wie die glatte Alufolie in Versuch **V1** auf S. 40. Das Licht der eigenen Scheinwerfer wird daher an der Straße vor allem reflektiert und nur zu einem geringen Teil gestreut. Daher erscheint die Straße dunkler. Das Licht der entgegenkommenden Scheinwerfer wird an der Straße reflektiert. Es kommt trotz Abblendlicht zu einem Blendeffekt.

trockene Straße: Licht wird gestreut

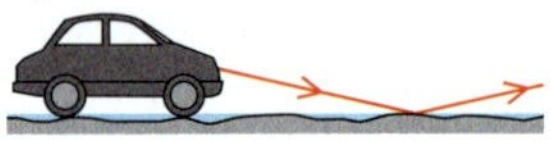

nasse Straße: Licht wird reflektiert

b) Die verwitterte Lackoberfläche ist rau. An ihr wird Licht vor allem gestreut, also in alle Richtungen ausgesandt. Die polierte Lackoberfläche ist dagegen glatt, wie die nasse Straße in a). Hier findet vor allem Reflexion statt. Dies ist am Glanz erkennbar.

3. Die Sängerin sollte ein helles Kleid, am besten in weißer Farbe tragen. Am weißen Stoff wird Licht jeder Farbe gestreut. Somit führen die verschiedenen Lichtfarben alle zu einem deutlich wahrnehmbaren Farbeindruck.

4. Skizze:

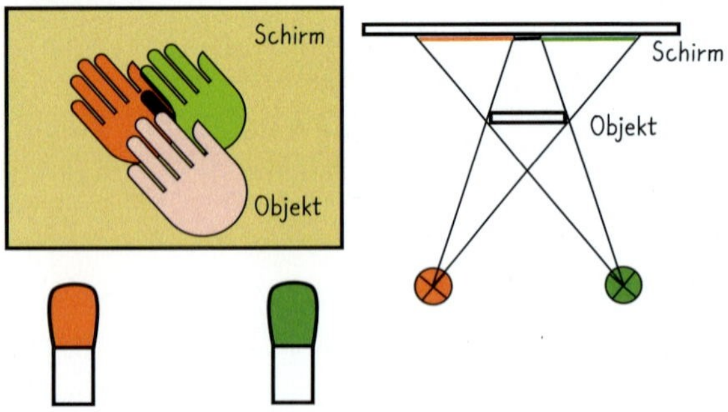

Material: zwei farbige Lichtquellen in den Farben rot und grün, z. B. farbige LEDs oder Taschenlampen mit Farbfolien; ein weißer Hintergrund; ein Objekt, das Schatten erzeugt, z. B. Hand, ausgeschnittene Figur etc.

Durchführung: Die Lichtquellen sind nebeneinander mit etwas Abstand so aufzustellen, dass jede Lichtquelle einen eigenen Schattenwurf auf dem weißen Hintergrund bewirkt.

5. a) Der Schatten vergrößert sich auch, wenn man die Lichtquelle näher an den Gegenstand rückt oder den Schirm weiter entfernt.
b) Beim gegebenen Aufbau dieses Versuchs ist es nicht möglich, einen kleineren Schatten zu erzeugen, wenn man das Teelicht auf der Tischebene verschiebt. Wird das Teelicht weit weggeschoben, nähert sich die Schattengröße der Gegenstandsgröße allerdings an.

6. Das Sonnenlicht wird von der Umgebung (zum Beispiel dem Boden) in alle Richtungen, also auch auf die im Schatten sitzenden Menschen zurückgeworfen. Von diesen wird das Licht dann abermals zurückgeworfen und gelangt so in unser Auge/die Kameralinse.

7. a) Skizze:

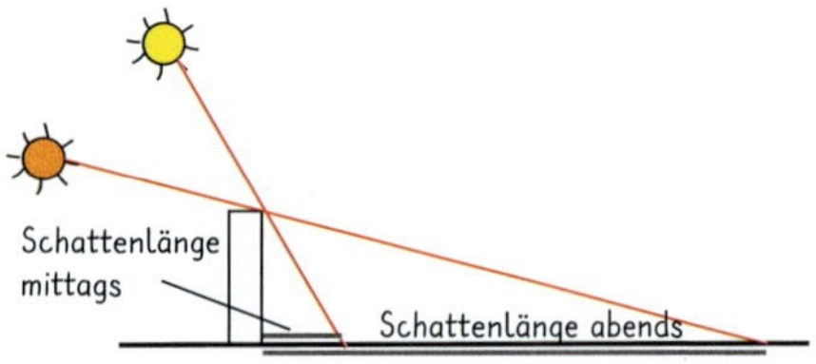

b) Der Abstand des beleuchteten Gegenstandes (Baum) zum Schirm (Boden) ist am Stamm gering und an der Krone groß. Damit nimmt der Übergangsschatten wie in Bild **B3** auf Seite 52 zu erkennen ist, einen schmalen Bereich ein. Der Schatten erscheint noch nahezu scharf begrenzt. Bei der weiter entfernten Krone werden die Übergangsschatten am Boden breiter und der Schatten erscheint unscharf.
c) Eine Sonnenuhr besteht aus einem gemalten Ziffernblatt und einem Stab. Der Stab wirft bei Sonnenschein einen Schatten. Dieser Schatten dreht sich wegen der scheinbaren Bewegung der Sonne während des Tages über das Ziffernblatt, auf dem so die aktuelle Uhrzeit abgelesen werden kann.

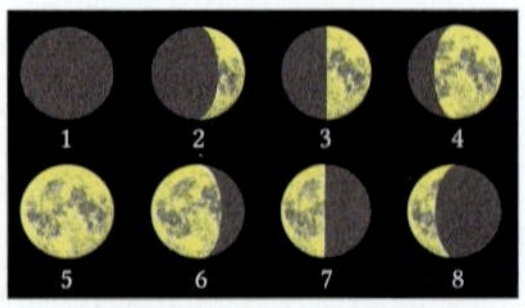

8. a) siehe Grafik
b) Der Erdschatten ist für Mondfinsternisse verantwortlich, aber nicht für die Mondphasen. Das erkennt man besonders gut an der geraden Linie zwischen hell und dunkel beim Halbmond. Die Mondphasen stellen den für uns sichtbaren (beleuchteten) Teil des Mondes dar.

Kapitel 3

1. Max muss beide Luftballons z. B. mit einem gleichen Tuch abreiben, damit sie sich gleichartig aufladen. Nur so können sie sich abstoßen.

2. *Atom* – sehr kleiner Bestandteil, aus dem die Materie aufgebaut ist. Es ist elektrisch neutral.
Atomkern – Teil des Atoms, der elektrisch positiv geladen ist. Der andere Teil des Atoms ist die Hülle.
Atomrumpf – In einem Metalldraht gibt es Atomrümpfe, d. h. festsitzende Atome, denen ein oder mehrere Elektronen in der Hülle fehlen. Sie können um ihren festen Platz hin und her schwingen.
Negativ geladenes Ion – ein Atom, das mehr Elektronen in der Hülle hat als Protonen im Kern.
Neutron – ein elektrisch neutrales Teilchen, das sich ebenfalls im Kern befindet.
Elektron – elektrisch negativ geladenes Teilchen, das sich in der Atomhülle aufhält.

3. Nimm einen dünnen Draht und befestige das eine Ende an einem Pol der Elektrizitätsquelle. Befestige dann das andere Ende lose am anderen Pol der Elektrizitätsquelle. Achtung – pass dabei auf. Der Draht wird schnell heiß.

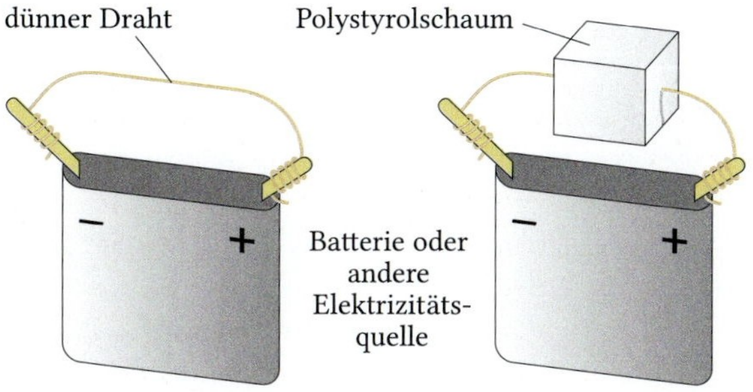

Wenn der Draht heiß geworden ist, kann man ein Stück Polystyrolschaum an den Draht drücken. Bei dem Kontakt mit dem heißen Draht schmilzt der Polystyrolschaum. So lassen sich Stücke des Polystyrolschaums mit einer glatten Schnittkante herunterschneiden. Verwendest du ein Netzgerät als Elektrizitätsquelle, musst du aufpassen, dass du es nicht zu hoch regelst, sonst brennt der Draht durch.

4. Ein Kurzschluss ist eine leitende Verbindung zwischen Minuspol und Pluspol einer Elektrizitätsquelle, ohne dass sich darin ein Elektrogerät befindet (LED, Glühlampe, Motor o. Ä.)

5. a) ①: Spule; ②: Schalter; ③: elektrische Leitung; ④: Elektrizitätsquelle (Netzgerät)
b) Wird der Schalter geschlossen, so fließen elektrische Ladungen. Damit wird die Spule zum Elektromagneten und zieht den Eisenklotz an.
c) Die beiden Schalter sind hintereinander geschaltet. Der Stromkreis ist also nur dann geschlossen, wenn der eine und der andere Schalter geschlossen ist.
d) Wird der Schalter geschlossen, so wird wie bei Schaltung A die Spule zum Elektromagneten und zieht den Eisenklotz an.

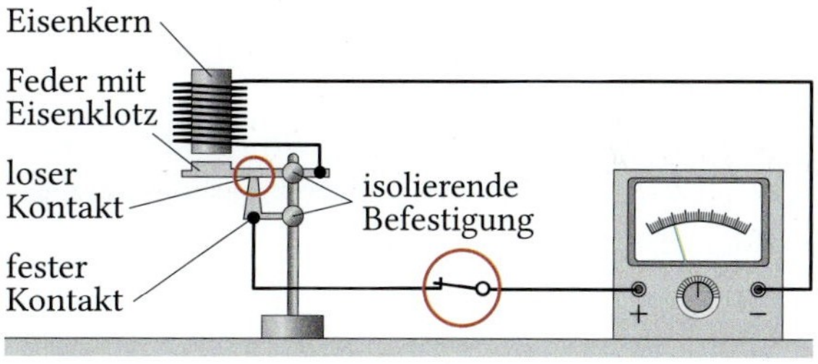

Beide Schalter sind geschlossen.

Dadurch zieht es die Feder mit nach oben und der lose Kontakt wird unterbrochen.

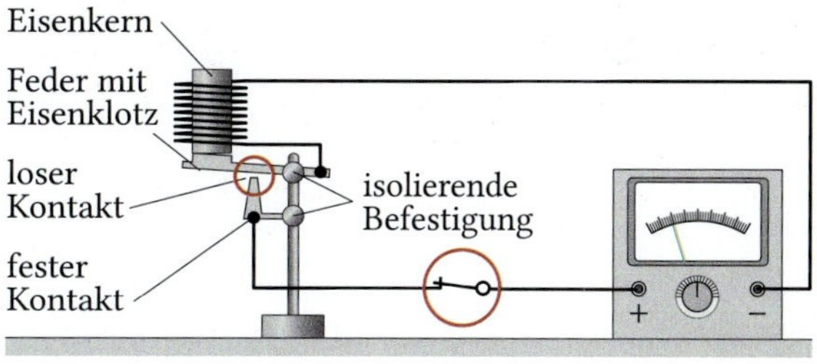

Loser Kontakt ist unterbrochen.

Damit verliert die Spule auch die magnetische Wirkung und der Eisenklotz fällt wieder herunter. Damit wird der Stromkreis nun wieder geschlossen und das Ganze beginnt wieder von vorne.

Lösungen

6. a) Es fehlen die Beschriftungen für die Batterie, den Schalter, die Glocke und den Kontakt (Pfeil).
b) Wird der Schalter geschlossen, dann ist der Stromkreis kurze Zeit auch geschlossen. Die Spule wirkt magnetisch und zieht den Klöppel an, der am unteren Ende auf die Glocke trifft. Dann ist der Stromkreis aber beim Kontakt unterbrochen und der Stromkreis ist offen. Die Spule wirkt nicht mehr magnetisch und der Klöppel geht in die Ausgangslage zurück. Damit wird der Stromkreis wieder geschlossen und der Vorgang wiederholt sich, solange der Schalter geschlossen ist.
c) Nach Betätigung des Schalters unterbricht sich der Stromkreis durch die magnetische Wirkung der Spule auf den Anker immer wieder selbst.

7. a) Schaltung A und C sind identisch. B ist nicht identisch zu den beiden anderen, da sich in jedem Zweig ein Schalter befindet. In B kann jedes Lämpchen einzeln ein- und ausgeschaltet werden.
b) In keiner Schaltung wird es einen Kurzschluss geben, da in jedem Zweig ein elektrisches Gerät vorhanden ist.
c) Möglicher Schaltplan:

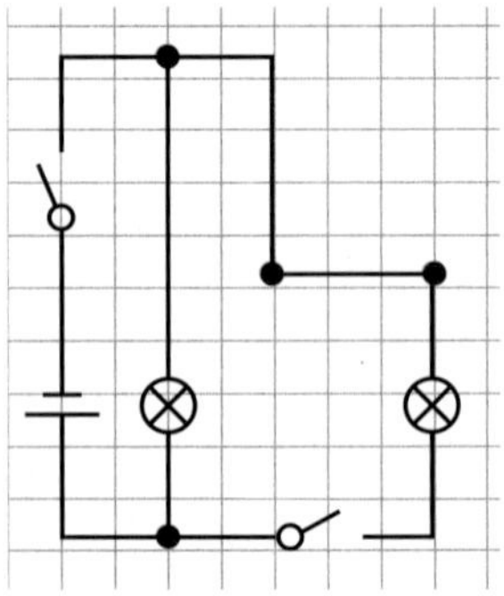

8. a) Die Spule ist an einen Elektrizitätsquelle angeschlossen und wird daher zum Elektromagneten. Sie wirkt dann wie ein Stabmagnet. Auf der linken Seite der Spule entsteht dabei in der gezeigten Situation ein Nordpol, der den Nordpol des hängenden Magneten wegstößt.
b) Polt man die Elektrizitätsquelle um, so entsteht auf der linken Seite der Spule ein Südpol und der hängende Magnet wird angezogen.
c) Ersetzt man den Magneten durch ein Eisenstück, so wird dieses in beiden Fällen von der Spule angezogen. Die Spule wirkt wie ein Stabmagnet. Dadurch richten sich die Elementarmagnete in dem Eisenstück jeweils aus. Dabei zeigen die Südpole der Elementarmagnete zum Nordpol der Spule und umgekehrt. Dadurch befinden sich nun stets ungleichnamige Pole nebeneinander – und ziehen sich gegenseitig an.

Tabellen

Tabellen zur Dichte

Feststoffe (bei 20 °C)

Material	ρ in $\frac{g}{cm^3}$
Aluminium	2,73
Beton (normal)	2,0–2,6
Beton (schwer)	2,6–5,9
Blei	11,3
Bronze, Messing	8,2–9,1
Diamant	3,51
Eichenholz (tr.)	ca. 0,8
Eis	0,917
Eisen, Stahl	7,8–7,9
Fichtenholz (tr.)	ca. 0,5
Glas	2,5–2,6
Gold	19,3
Granit	2,6–3,0
Graphit	2,26
Kalium	0,856
Kalkstein	2,6–2,9
Kobalt	8,90

Material	ρ in $\frac{g}{cm^3}$
Kopierpapier	1,0
Kork	0,20–0,35
Kupfer	8,96
Magnesium	1,74
Nickel	8,90
PET	1,38
Platin	21,4
Polyethylen PE	0,93–0,97
Porzellan	2,3–2,5
PVC	1,2
Silber	10,5
Speisefette	0,90–0,95
Steinkohle	1,2–1,4
Steinsalz	2,17
Wolfram	19,3
Zink	7,14
Zinn	7,28

Flüssigkeiten (bei 20 °C)

Material	ρ in $\frac{g}{cm^3}$
Benzin	0,78
Brennspiritus	0,82
Diesel	0,84–0,88
Erdöl	0,82–0,94
Ethanol	0,789
Glycerin	1,26

Material	ρ in $\frac{g}{cm^3}$
Heizöl	0,95–1,08
Milch, fettarm	1,033
Milch, Voll-	1,030
Quecksilber	13,6
Speiseöle	0,90–0,95
Wasser	0,998

Gase (bei 0 °C und Normaldruck)

Material	ρ in $\frac{g}{cm^3}$
Argon	0,00178
Butan	0,00270
Helium	0,000179
Kohlendioxid	0,00198
Kohlen-monoxid	0,00125
Krypton	0,00374
Luft	0,00129

Material	ρ in $\frac{g}{cm^3}$
Methan	0,000714
Neon	0,000900
Propan	0,00201
Sauerstoff	0,00143
Stickstoff	0,00125
Wasserstoff	0,0000898
Xenon	0,00590

Elektrische Schaltzeichen

Leitungen	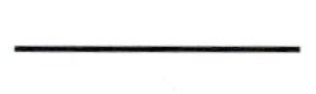
Schalter offen	
Schalter geschlossen	
Wechselschalter	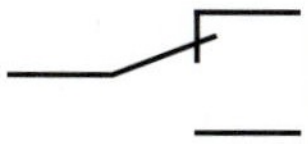
Lampe	
Leuchtdiode (Spitze des Dreiecks in Richtung Minuspol)	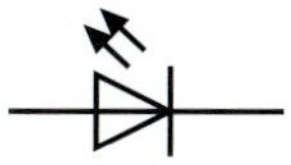
Motor	

Batterie (langer Strich: Pluspol; kurzer Strich: Minuspol)	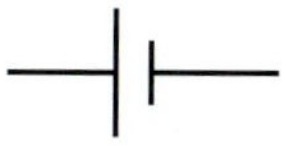
Netzgerät	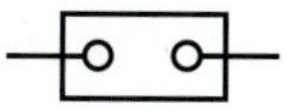
Verzweigung	
Kreuzung	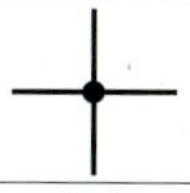
Klingel	
Spule	
Spule mit Eisenkern	

Das Periodensystem der Elemente

Atommasse in u – 26,98

Eine eingeklammerte Atommasse gibt die Masse eines wichtigen Isotops des Elements an

Ordnungszahl (Protonenzahl) – 13

Al – Elementsymbol

Aluminium – Elementname

schwarz = feste Elemente
rot = gasförmige Elemente
blau = flüssige Elemente
weiß = künstliche Elemente
grün = natürliche radioaktive Elemente

Metalle
Halbmetalle
Nichtmetalle
nicht bekannt

Perioden	Hauptgruppen I	Hauptgruppen II	Nebengruppen III	IV	V	VI	VII	VIII	VIII	VIII	I	II	Hauptgruppen III	IV	V	VI	VII	VIII
1 K-Schale	1,01 H 1 Wasserstoff																	4,00 He 2 Helium
2 L-Schale	6,94 Li 3 Lithium	9,01 Be 4 Beryllium											10,81 B 5 Bor	12,01 C 6 Kohlenstoff	14,01 N 7 Stickstoff	16,00 O 8 Sauerstoff	19,00 F 9 Fluor	20,18 Ne 10 Neon
3 M-Schale	22,99 Na 11 Natrium	24,31 Mg 12 Magnesium											26,98 Al 13 Aluminium	28,09 Si 14 Silicium	30,97 P 15 Phosphor	32,07 S 16 Schwefel	35,45 Cl 17 Chlor	39,95 Ar 18 Argon
4 N-Schale	39,10 K 19 Kalium	40,08 Ca 20 Calcium	44,96 Sc 21 Scandium	47,88 Ti 22 Titan	50,94 V 23 Vanadium	51,99 Cr 24 Chrom	54,94 Mn 25 Mangan	55,85 Fe 26 Eisen	58,93 Co 27 Cobalt	58,69 Ni 28 Nickel	63,55 Cu 29 Kupfer	65,39 Zn 30 Zink	69,72 Ga 31 Gallium	72,61 Ge 32 Germanium	74,92 As 33 Arsen	78,96 Se 34 Selen	79,90 Br 35 Brom	83,80 Kr 36 Krypton
5 O-Schale	85,47 Rb 37 Rubidium	87,62 Sr 38 Strontium	88,91 Y 39 Yttrium	91,22 Zr 40 Zirconium	92,91 Nb 41 Niob	95,94 Mo 42 Molybdän	(99) Tc 43 Technetium	101,07 Ru 44 Ruthenium	102,91 Rh 45 Rhodium	106,42 Pd 46 Palladium	107,87 Ag 47 Silber	112,41 Cd 48 Cadmium	114,82 In 49 Indium	118,71 Sn 50 Zinn	121,75 Sb 51 Antimon	127,60 Te 52 Tellur	126,90 I 53 Iod	131,29 Xe 54 Xenon
6 P-Schale	132,91 Cs 55 Caesium	137,33 Ba 56 Barium	La-Lu 57–71	178,49 Hf 72 Hafnium	180,95 Ta 73 Tantal	183,84 W 74 Wolfram	186,21 Re 75 Rhenium	190,23 Os 76 Osmium	192,22 Ir 77 Iridium	195,08 Pt 78 Platin	196,97 Au 79 Gold	200,59 Hg 80 Quecksilber	204,38 Tl 81 Thallium	207,20 Pb 82 Blei	208,98 Bi 83 Bismut	(209) Po 84 Polonium	(210) At 85 Astat	(222) Rn 86 Radon
7 Q-Schale	(223) Fr 87 Francium	(226) Ra 88 Radium	Ac-Lr 89–103	(267) 104 Rutherfordium	(268) 105 Dubnium	(271) 106 Seaborgium	(270) 107 Bohrium	(269) 108 Hassium	(278) 109 Meitnerium	(281) 110 Darmstadtium	(282) 111 Roentgenium	(285) 112 Copernicium	(286) 113 Nihonium	(289) 114 Flerovium	(289) 115 Moscovium	(293) 116 Livermorium	(294) 117 Tenness	(294) 118 Oganesson

Elemente der Lanthan-Reihe	138,91 La 57 Lanthan	140,12 Ce 58 Cer	140,91 Pr 59 Praseodym	144,24 Nd 60 Neodym	(147) Pm 61 Promethium	150,36 Sm 62 Samarium	151,96 Eu 63 Europium	157,25 Gd 64 Gadolinium	158,93 Tb 65 Terbium	162,50 Dy 66 Dysprosium	164,93 Ho 67 Holmium	167,26 Er 68 Erbium	168,93 Tm 69 Thulium	173,04 Yb 70 Ytterbium	174,97 Lu 71 Lutetium
Elemente der Actinium-Reihe	(227) Ac 89 Actinium	(232) Th 90 Thorium	(231) Pa 91 Protactinium	(238) U 92 Uran	(237) Np 93 Neptunium	(244) Pu 94 Plutonium	(243) Am 95 Americium	(247) Cm 96 Curium	(247) Bk 97 Berkelium	(251) Cf 98 Californium	(252) Es 99 Einsteinium	(257) Fm 100 Fermium	(258) Md 101 Mendelevium	(259) No 102 Nobelium	(266) Lr 103 Lawrencium

Stichwortverzeichnis

Stichwortverzeichnis

Bildquellenverzeichnis

ADAC, München: © ADAC 45. |alamy images, Abingdon/Oxfordshire: Arco Images GmbH/Arco/Wittek, R. 57; Cooper, Bea 9; Dorling Kindersley ltd 33, 34; Furian, Peter Hermes 56; imageBROKER/Bahnmüller, Dr. Wilfried 61; Jochen Tack 13; JSCpix 9; KPixMining 82, Lukiianova, Natalia 82; McCormack, Gareth 8; Metta foto 73; Mutch, Robert 54; Northcutt, Susan 48; Panther Media GmbH/hiro1775 78; riddypix 80; robertharding/Servian, Nick 55, 57; Science History Images 26; Shironosov, Dmitriy 9; Tham, Erik 44; Uralsky, Ivan 31; Watson, Jason O. 55; Waugh, Mark 74. |Colourbox.com, Odense: Sellingpix 53. |Deutscher Verkehrssicherheitsrat e.V. (DVR) / www.dvr.de, Bonn: 43. |Fabian, Michael, Hannover: 16, 17, 20, 20, 21, 23, 35, 35, 45, 45, 51, 64, 69, 69, 78, 82. |Foto Jutzi/Hansueli Jutzi, Hadlikon-Hinwil: 4, 62. |fotolia.com, New York: doris oberfrank-list 3, 36; Superingo 78; WoGi 73. |Gabaldón, Felipe: Felipe Gabaldón: Equilibrium: force, https://www.flickr.com/photos/felipe_gabaldon/3752507142/CC BY 2.0, https://creativecommons.org/licenses/by/2.0/ 16. |Getty Images, München: Arnulf Husmo 12. |Getty Images (RF), München: @2012 A. V. Ley 57; tunart 76. |Gleixner, Dr. Christian, Iffeldorf b. München: 12, 18, 24, 24, 24, 25, 69, 70, 80. |Goudsmit Magnetics Group, Niederlande, HB Waalre: 16, 16. |Heckmann, Gerwald, Unterhaching: 81. |Imago, Berlin: Alabiso, Gustavo 39; Geisser 61. |Interfoto, München: Danita Delimont/Prisma Archivo 81. |iStockphoto.com, Calgary: adventtr 52; antb 3; duckycards 73; natasaadzic 40; tuncaycetin Titel. |Löffler, Dr. Patrick, Eppenbrunn: 53. |mauritius images GmbH, Mittenwald: FR Images / Alamy 61. |Mettin, Markus, Offenbach: 44. |MMCD NEW MEDIA GmbH, Düsseldorf: 79, 79, 79. |NASA, Washington: 54; JPL-Caltech/Malin Space Science Systems/Texas A&M Univ 59. |Nürnberger, Monika, Lauingen: 46, 47, 47, 47, 49, 50, 50, 51, 51, 52, 52. |OKAPIA KG - Michael Grzimek & Co., Frankfurt/M.: J.Telner 75. |OPITEC Handel GmbH, Giebelstadt/Sulzdorf: 76. |PeakTech Prüf- und Messtechnik GmbH, Ahrensburg: 73. |PhET Interactive Simulations. University of Colorado Boulder (http://phet.colorado.edu/) CC-BY 4.0: Circuit Construction Kit: DC - Virtual Lab 73, 73, 74. |Picture-Alliance GmbH, Frankfurt/M.: dpa-Zentralbild/Gregor Fischer 46; Markus Redmann 73. |Pippig, Dr. Rainer, Neuried: 58, 64. |Science Photo Library, München: NASA 59. |Shutterstock.com, New York: 707240542 20; MarcelClemens 26; Marukosu 29; ntstudio 33; Peter Sobolev 73; RHIMAGE 24; Varavin88 10. |Spießl, Peter, Augsburg: 38, 38, 38, 38, 38, 38, 38, 39, 39, 40, 41, 42, 42, 42, 61. |stock.adobe.com, Dublin: achimdiver 22; akf 15; apfelweile 76; Bogahan 27; chinaview 23; dennisvdwater 56; Dinand, Clara 76; euthymia 21; fedorchenko 24; Georgiy 31; Guilane-Nachez, Erica 46, 46; Ihlenfeld, Wilm 22; KH August 30; mirsad 75; Mixage 33; neonnspb 24; Otto, Thomas 41; Richard Schramm 28; sonne07 33; ©Björn Wylezich 29; ©ForeverLee 29; ©fotohillmann 35; ©Nik 32. |supermagnete.de, Gottmadingen: https://www.supermagnete.de/Q-111-89-20-E 17. |Surrey NanoSystems, Newhaven: 45. |Tegen, Hans, Hambühren: 22, 26, 70, 73. |© Diet Wiegman, Rotterdam: Diet Wiegman, Shadow Dancing 2008 46. |© KFZ-Aufbereitung König, Fulda- Künzell (FD): 61.

Wir arbeiten sehr sorgfältig daran, für alle verwendeten Abbildungen die Rechteinhaberinnen und Rechteinhaber zu ermitteln. Sollte uns dies im Einzelfall nicht vollständig gelungen sein, werden berechtigte Ansprüche selbstverständlich im Rahmen der üblichen Vereinbarungen abgegolten.